咏 春 拳

黄　涛　编著

人民体育出版社

图书在版编目（CIP）数据

咏春拳 / 黄涛编著. -- 北京 : 人民体育出版社, 2012（2022.2重印）

ISBN 978-7-5009-4338-9

Ⅰ. ①咏… Ⅱ. ①黄… Ⅲ. ①南拳－基本知识 Ⅳ.①G852.13

中国版本图书馆CIP数据核字(2012)第186343号

*

人民体育出版社出版发行
国铁印务有限公司印刷
新　华　书　店　经　销

*

850×1168　32开本　11.75印张　270千字
2013年1月第1版　　2022年2月第8次印刷
印数：21,001—23,000册

*

ISBN 978-7-5009-4338-9
定价：37.00元

社址：北京市东城区体育馆路8号（天坛公园东门）
电话：67151482（发行部）　　邮编：100061
传真：67151483　　邮购：67118491
网址：www.sportspublish.cn
（购买本社图书，如遇有缺损页可与邮购部联系）

前 言

诗意浪漫的名称，温文尔雅的练法，凌厉辛辣的技术，这就是咏春拳。当年，叶问宗师挟咏春拳技艺赴港，短短数十年，咏春之花即开遍全球，并以不可争辩的格斗技能成为美国、德国、意大利、埃及、法国、比利时等数十个国家特种警察部队的搏击训练拳种。目前，世界各地已有上万家咏春武馆，风靡全球，几可称得上“天下第一拳”。以至外国人以为功夫即咏春，咏春即功夫。当然这种说法是夸张了点。但作为中国武术走向世界的先行军，咏春拳的确展示了其卓越不凡的丰姿和实实在在的战斗力。未依赖官方组织的宣传力量而全凭自己拳打脚踢而闯出一片天下的咏春拳，以小念头、寻桥、标指三大系列，木人桩、八斩刀、六点半棍三个后补组成训练体系。更摒弃了所有张牙舞爪、容貌狰狞的丑态，使整个训练过程显得轻轻松松，文文静静。就在这文质彬彬、飘逸洒脱中，训练出辛辣凌厉而可怕的身手。所以，它更受到文人雅士、秀女娇娃的青睐。以自然体力、自然体格就可获得超群的搏击能力，这就是咏春拳的魅力之所在。咏春拳不练什么骑马蹲裆、拍打丹田、举石锁等功夫；也不练那些玄而又玄的神功异术，更无点穴神功、发气秘旨；亦无什么追魂神掌、屠龙仙法，它只是一门实实在在的搏击术。不附任何条件，不择任何手段，舍弃艺术性、观赏性，以制人为唯一目的，以实用为唯一宗旨。其简洁、高效而科学的训练手段，培养了无数能征善战的拳法好手，可谓高手如云，李小龙更是驰名中外。

冗繁削尽留清瘦。咏春拳法无花招，无巧势，强调直接明了，以最简单的方法、最短的路线、最快的速度，获得最好的效果，给敌人以最严厉的打击。在其训练体系中，亦同样体现了这一特点。仅有小念头、寻桥、标指、木人桩、八斩刀、六点半棍这6个套路，朴实而简洁，辛辣而凌厉。以“黐手”为灵魂贯穿咏春拳法的始终，力求尽可能精简。其中军主帅“小念头”，融合了咏春心法、劲法、手法、身法、马法及其诸多搏击原则，如中线理论、朝面追形，来留去送，甩手直冲、攻守同期、消打同动等心法尽寓其中，而体现在形式上，却不过十来个动作，且每个动作都是人体最自然、顺手的动作，一般人只要半个小时即可学完，可谓简单至极。而“寻桥”“标指”每路拳亦不过由十来式所组成，绝中之绝的“八斩刀”“六点半棍”一为八式，一为六式，皆简洁朴实，一学即会。当然，冰冻三尺，非一日之寒，武技之道，若欲臻神化之境，同样亦非数日之功。然比起那些动辄数十套拳路的拳种来说，足可称得简洁朴实、高效而速成的。正因为如此，才能为欧美数十个国家特种部队所选用！

咏春拳有辉煌的过去，同样咏春拳也会有更光明的未来。这就需要我们咏春同仁敢于打破固步自封的观念，团结合作，携手共进。在继承发扬咏春拳的同时，深入挖掘咏春内涵精髓，在实践中整理各自的练功心得与研究成果。做到继承与发展的辩证统一，以利把咏春拳推向更高境界，为中华武术走向世界作出应有的努力。

目 录

第一章 概述……………………………………（1）

第一节 咏春拳的源流………………………………（1）
第二节 咏春拳的传承………………………………（8）
第三节 咏春拳的理论心法…………………………（14）
第四节 学习咏春拳的方法…………………………（19）

第二章 咏春拳的技术原理…………………………（26）

第一节 三角形原理…………………………………（26）
第二节 旋转还击……………………………………（27）
第三节 中线理论……………………………………（28）
第四节 肘底力………………………………………（31）
第五节 力的有效运用………………………………（31）
第六节 寸劲与寸拳…………………………………（32）
第七节 简洁…………………………………………（35）
第八节 触觉反射……………………………………（39）
第九节 攻防同步……………………………………（40）
第十节 身架和身形的重要性………………………（42）
第十一节 步法……………………………………（45）
第十二节 腿法……………………………………（46）
第十三节 接桥……………………………………（49）
第十四节 学会流动………………………………（50）

第十五节　四门原理……………………………（52）
第十六节　单练套路……………………………（53）
第十七节　咏春拳训练方法……………………（54）
第十八节　其他概念（标、逼、膀）…………（55）

第三章　咏春拳内容详解………………………（57）

第一节　咏春拳的基本动作……………………（57）
第二节　小念头…………………………………（85）
第三节　寻桥……………………………………（126）
第四节　标指……………………………………（170）
第五节　黐手训练………………………………（229）
第六节　木人桩…………………………………（250）
第七节　八斩刀…………………………………（307）
第八节　六点半棍………………………………（309）

第四章　咏春拳的实战技术……………………（312）

第一节　基本动作的攻防运用…………………（312）
第二节　主动突袭的技巧………………………（331）
第三节　贴身近战能力的培养…………………（339）
第四节　常用实战策略…………………………（353）

后记………………………………………………（366）

第一章 概 述

第一节 咏春拳的源流

关于咏春拳的起源有许多优美的传说和历史版本。而发展至今的咏春拳实质上是经过历代咏春先师逐步发展完善而成。虽然有许多人认为咏春拳源自川滇边区，流行于福建，而扬名于广东佛山，但是由于文字资料的缺乏，有关咏春拳的历史只在群众中口头流传，再则就是野史小说的描述。随着时间的推移，说法就互有出入，故有关咏春拳的起源，一直都是众说纷纭，没有一个统一的说法。所以，在这里我们只能将所得有关咏春拳起源的种种说法如实介绍，以供大家参考思索。或许通过我们的共同努力，最终能得出一个统一的、真实可靠的结论来。

关于咏春拳的起源，大致有这样几种说法：

有的说是始创于福建严咏春，咏春拳因此得名。严咏春是清中叶少林俗家弟子严四之女，她偶然看到蛇鹤相争，受启发而在自己原有的武功基础上创编了咏春拳术。

还有的说法则认为咏春拳创始于五枚师太，见到蛇鹤相争而有所悟的是五枚而非严咏春。五枚师太是清初的少林派弟子，有说她还是少林白鹤拳高手。由于福建南少林被清政府所焚，她为了避祸，隐居于川滇边界的大凉山，因见蛇鹤相争而创出咏春拳，后来便传于严咏春。

另有一种说法是：五枚创咏春拳后，并非直接传给了严咏春，而是传给了少林弟子苗顺，苗顺传少林俗家弟子严二，严二再传女咏春及婿梁傅侍。这个严二就是前面所说的严四。

再一种说法是：咏春拳的创编与五枚师太或严咏春均无关系，更没有什么蛇鹤相争，而咏春拳的前身应为泳春拳，是清初反清组织“天地会”的一种斗争的武技，为河南嵩山少林弟子一尘庵主所创。他（或她）首先传给汀昆戏班的武生张五（人称“摊手五”，据说有“一只摊手独步武林”之誉），张五后来落难来粤，落脚于南海县佛山镇大基尾的“琼花会馆”，便将咏春拳传于粤剧界诸弟子。后咸丰年间李文茂起义，诸弟子为避祸而将“咏春拳”的“咏”字改为“永”“泳”。红船中人黄宝华、梁二娣、大花面锦等人学得此拳，又再传给在佛山筷子路开中药店兼行医的梁赞，此后梁赞将咏春拳发扬光大。

也有的说法认为咏春拳应为永春拳，得名于福建泉州少林寺的永春殿，乃当年进殿者所习的南派内拳法，全称是少林永春，总教习是少林弟子至善禅师。南少林被焚，至善逃避到佛山，曾一度藏匿于粤剧红船中当伙夫。后因在东莞打抱不平露出行藏，戏班中人便纷纷拜他为师。弟子中有惠州人氏苏三娘，为戏班中花旦，所学尤精，被人誉为“永春三娘”。后三娘将武功传于红船中人黄华宝、梁二娣等人，黄、梁又传佛山梁赞，使永春拳得以在佛山发扬光大。

以上诸种说法，虽然都是各有所本，且尽皆言之凿凿，各自以为真实可信，但都不能说是尽善尽美、无懈可击、可作权威立论。若从时间、地点、人物、历史背景、现实情况等各方面仔细推敲，则上述诸说，均让人有可觉疑惑之处。

有些言之过简，难以辨真伪。如一尘庵主，说者就只有这么一句话“咏春拳乃嵩山少林寺弟子一尘庵主所传”，连性别都没有讲清。“嵩山少林弟子”，则似乎出身于嵩山少林寺，似应是个男僧；而“庵主”则属于尼姑的专利，则似乎又应是个女尼。再者，一尘庵主若果真是一个女尼，而五枚师太也是一个女尼，两者是否就是同一个人物，也颇有思考余地。可惜材料缺乏，无以考证。

有些则与历史背景不符，失去存在的依据。如五枚师太、至善禅师，都说成是因南少林被焚而流亡外地的。但据当代历史学家及武林界人士依据清宫档案材料的考证，在清朝，南北少林皆备受朝廷恩宠礼遇。从顺治直至宣统，都从来没有发生过朝廷焚烧少林之事。火烧少林一说，是当时的反清组织“天地会”，为了煽动起武林人士的反清情绪而编造出来的。既然历史真实并非如此，则五枚、至善逃亡避祸之说就难以成立，他们因此而创编了咏春拳，并将少林永春殿的咏春拳传播出去之种种说法，其可信性自然也很值得怀疑。

有些则与现实有出入，难以自圆其说。如说摊手五或是至善禅师，在红船所传的本是叫永春拳，后因咸丰年间粤剧艺人李文茂起义，遭受清政府镇压，连及“琼花官”诸弟子。为了掩人耳目，门人乃将所习之永春拳改名为泳春拳或咏春拳。也就是说，永春拳与泳春拳、咏春拳应是同一拳派的不同称呼。但据考证当时的事实是，咏（泳）春拳流传之时，永春拳依旧公开流传于世，两者并行不悖。难道一部分人因避祸而易名，而另一部分则无需避祸？这似乎是说不过去。且今天的永春拳与泳、咏春拳，虽然其音相近，但却各自有不同的武学内容与训练系统，实乃两个不同的拳派，不能相混。

其他如严咏春这个人的种种传闻，实在也颇有斟酌的余地。若果真有其人，则她生存的年限就很值得考究。若说她是五枚师太的传人，则她起码是雍正、乾隆年代的人。但另有一说，梁赞曾遵其师黄华宝之命，往福建寻严咏春继续深造，苦学三年，始回广东，那么严咏春当一直活到咸丰、同治年代。若说严咏春既学艺于五枚，又传艺于梁赞，则她便跨越雍正、乾隆、嘉庆、道光、咸丰、同治 6 个朝代，起码活了 150~200 岁，这当然也是不可能的。所以严咏春是否确有其人，她生活于哪个朝代，就很有必要弄个清楚。

总之，上述种种说法，只能给后人留下一个有待揭开的谜底。

咏春拳的起源之所以有种种不同的说法，原因当然是多方面的。但人们对咏春拳的崇拜、敬仰，当是其中一个重要的原因。出于崇拜心理，人们往往不满足于一般平凡的说法，总喜欢为所崇拜的东西找一个不平凡的出处，把它传奇化、神话化，再加上口头传说中的不断加工、创造，于是越说越多、越说越玄，与历史真实距离越来越远，终至面目全非，各持己说。人是如此，物是如此，古今先贤、帝王将相，总有不平凡的出处。所谓“不凡之子，当异其生”，这是咱们中国很有趣的一种历史现象。有关咏春拳起源的种种不同的说法，大概也是属于这种现象，历史就是这样活在人们的口中。

咏春拳起源之谜，恐怕将永远是一个无法解开的历史纽结。让诸种说法并存，让它们一代一代流传下去，给人们留下一定的神秘感，让人们去思索、去想象，也未必不是没有积极意义的。

在咏春拳的门人中多主张第二种说法，即咏春拳创始于五枚师太，然后传于严咏春。

笔者目前得到的一种最详细的说法如下：

咏春拳派始祖，为五枚师太。此拳创自女流，外在风格似婉约娴静，实质却是一套十分讲求技击效能、杀技凌厉的实战拳法。

故事须从火烧少林寺说起。当时清兵入关，大肆杀人放火，强迫男人一律梳着“阴阳头”，把头发的前半部分剃掉，后半部分辫成粗长的发辫，加深了民族矛盾，再加上大汉族主义的思想，满人统治中国，建立清朝，一时各地汉人反清复明的情绪高涨，在民间秘密联络组织各种力量和清廷对抗。因此，朝廷大力剿灭民间的反清复明组织。

一日，泉州少林寺至善禅师在东岳山脚发现一个小乞丐昏倒在地，将其收留救入寺内，成为南少林的俗家弟子。这个小乞丐叫做马宁儿。马宁儿吃得苦，练功没的说，在少林寺的俗家弟子中武功排名第七。但平时爱偷吃，时常被至善禅师教训，后来发展到和寺外一些不三不四的人结做狐群狗党，吃喝嫖赌无所不会。至善禅师发觉后，按照寺规严厉责罚，告诫他，若再不改，逐出寺门。马宁儿看苗头不好，偷溜出南少林，到官府说南少林有反清复明的组织。本来，清朝康、雍年间，朝廷要彻底消灭反清复明的秘密会社，一听说南少林与反清复明的组织有关系，便派兵前往剿灭，火烧南少林寺，让名噪一时的南少林一夜之间化为灰烬。

当时，身在南少林的五枚师太从寺中逃出后隐居于川滇边境的大凉山白鹤观内修行。闲时习武并收授庵内尼姑为徒。五枚虽然未如其他男性同伴一样矢志报复，但她仍是耿耿于怀。然而，令五枚师太最担心的，却是这马宁儿的少林武功。她深知马宁儿的武功不弱，如今她尚能战胜一般人，只不过是靠自己多年苦练积累的功力，但难保年纪老迈或人家身手精进时还是他们的对手，尤其要打败内力雄浑、身材健硕如马宁儿这样的男性，女性要吃亏得多。五枚认为，唯一的方法便是思量一种更奇妙的功夫。她心目中理想的新功夫，最好能处处针对原有少林拳技的弱点，却又适合女性。

五枚师太常往来于群山秀水之间，偶然看到一场别开生面的打斗，激发灵感，因而悟化出一套长于打斗的拳技，创出这套崭新而实用的拳术。打斗双方并非人类，而是两种动物——一只伺机待发的鹤及一只寻隙偷袭的蛇。也有人说五枚师太是因为目睹“蛇鹤争斗”才创出咏春拳术来的。

在广东省有一户姓严的人家，户主严二，曾是少林俗家弟子，但渊源不深。严二妻子早逝，只遗下一个女儿，取名“咏春”。严咏春自幼由父母做主，许配予福建盐商梁博俦。但不久严二因事被人诬告，为避官府通缉，唯有携咏春远走他乡。逃至人地生疏的川滇边区大凉山脚，严氏父女才觉松一口气，于是安顿下来，开了一家豆腐店，生活倒也算安定。严氏父女因豆腐做得好，连居于山上的五枚师太也常常下山来购买，由此，渐渐变得熟悉起来。

不料，此地一名黄姓土豪经常上门欺负严氏父女，他贪念严咏春的姿色，派人来强行说亲，并要挟他们说，如不定期过门，将会对他们不利！此事被经常来买豆腐的五枚师太得知后，五枚见义勇为的侠义心肠油然而生。但由于自己的秘密身份，不便公然拔刀相助。她只好带走了严咏春，并让严父极力拖延婚事。

严咏春从五枚师太处学艺归来后同意嫁给黄姓土豪。不过严咏春提出了一个条件：若要娶她，除非将她打败！令周围的人大感诧异，都为她担心。黄姓土豪力大如牛，曾学过三两招式，同乡人都畏惧他的身手，无人敢跟他较量。如今漂亮而体态婀娜的小姑娘竟提出这个“荒唐”的条件，他真想乐得掩口大笑。可惜“荒唐”的并非严咏春的条件，而是比武结果——壮硕如牛的大汉，竟然被娇小玲珑的小姑娘三两下击倒在地。当着众多围观者的面，黄姓土豪无话可说，只得答应从此不再骚扰严氏父女两人。也算这土豪守信，据说从此再无事发生。

严咏春较技后，继续跟随五枚苦练这套“可战胜强敌”的新创拳术，至技成为止。五枚随后云游四方，在临行前交代咏春将这套拳技好好练习，并“严守宗风”，切勿随便外传。后来，咏春做到了这一点，她并没有将这套“武技”外传，只不过传给了自己的丈夫梁博俦！

严咏春的父亲严二去世后，严咏春与丈夫梁博俦移居广东粤北南雄县，并将咏春拳法传授给梁博俦，因此其夫尽得咏春之所传。此为咏春拳之第二传。以后严咏春病故，梁博俦就在南雄县设馆授拳。为怀念爱妻之恩，梁博俦遂将五枚拳改称为“咏春拳”。也就是说，咏春拳创于五枚，命名始于梁博俦。

佛山粤剧红船的琼花会馆中，几位梨园弟子黄华宝、陆锦（大花面锦）、高佬忠等随红船戏班上南雄演戏。酷爱粤剧的梁博俦每当戏班上演必前往捧场。黄华宝主演的关云长忠肝义胆、大花面锦的张飞扮相武风凛凛、高佬忠的刘备义薄云天，感动了台下的梁博俦，萌生与三人结交之意，一回生几回熟，再经有心人撮合，梁博俦与黄华宝、大花面锦、高佬忠一见如故，博俦因与红船中人友好，并常与其友梁兰桂、黄华宝及梁二娣等饮酒论技。博俦将咏春拳与华宝等人交换红船之名技六点半棍。以后梁博俦更将黄华宝、大花面锦、高佬忠收为入室弟子。由于梁博俦无子女无牵挂，毅然随红船戏班南下，定居于广州。在梁博俦随红船漂流期间，黄华宝他们更日夕钻研，苦心练习，不两年已尽得咏春拳奥秘了。梁兰桂、黄华宝及梁二娣等可称之为咏春拳派之第三传。少林六点半棍更为习咏春拳者必修兵器之始也。

此时的咏春拳功技系列的拳、棍、刀、桩功法已臻完善。

第二节　咏春拳的传承

日后黄华宝将咏春拳技传授给戏班好友梁二娣。梁二娣得技后又将拳技传给鹤山县古劳乡人士梁赞。在黄华宝五十寿辰之际，梁二娣携徒梁赞前往祝寿，梁赞因此结识黄华宝。黄华宝对梁赞赏识之余，更将梁赞作为关门弟子纳于门下。

梁赞（1826—1901），原名梁德荣，广东鹤山古劳人，只是世居佛山。是中国晚清著名武术家，人称“咏春拳王”。

梁赞父亲在佛山筷子街赞生堂经营中医药材及跌打医馆，精通岐黄医术。梁少年时便喜爱习武。其父曾广聘名师为他传授武功，涉猎甚广，但并未令其满意。丧父后，梁赞开始在店中行医，深为病家称道，人们惯称他为“佛山赞先生”。18岁时，梁赞先师从红船子弟梁二娣学习南少林拳术。后梁二娣将梁赞引荐到亦师亦友之黄华宝门下。黄华宝亦是古劳人，与赞是同乡。自随华宝习咏春以后，他即感到咏春拳在法度用力、身型和手法上，无一不是上乘之法。梁赞约于1870—1890年在赞生堂内收徒授拳，将其毕生所学重新整理。然而，梁赞并不公开授徒，始终以行医为业，因店务缠身，他只收了几个关门弟子，未能广授徒众，所以并未令咏春拳盛极一时。能得其真传者，除其二子梁春及梁壁外，仅陈华顺公一人而矣。梁赞六十多岁后，两个儿子梁壁、梁春皆有工作或已经离开佛山，不能接替父亲的生意，唯有将赞生堂转让给他人并改名杏济堂。梁赞退休后返回古劳。

据说梁赞返回古劳之后，闲来亦有授拳于乡间小孩。

咏春拳自梁赞先祖传入佛山至今一百多年，造就了大批武术英才。历代传人中不乏佼佼者，他们播下了咏春拳的种子，门人遍及世界各地，使咏春拳这一古老拳种盛名于世界武林。近年，海内外不少咏春拳爱好者到佛山“寻根”，寻找名师们的遗迹，追寻咏春拳的真谛……过去，史书记载拳师事迹甚少，以下的人物介绍，是根据有关资料和走访名师后人综合整理而成。

陈华顺（1849—1913），享寿64岁。顺德杏坛东马宁人，顺德出生，后居佛山，以找钱为业，绰号“找钱华”。身材高大，臂力惊人。因华公之找钱事业，常经过赞生堂，由于他知道佛山赞先生的比武事迹，时常从门缝里偷看自学。终于在39岁时追随已经62岁的赞先生学习咏春拳。赞先生去世后，华公（于1901后）于莲花地大街缸瓦店内教授咏春拳术。然而咏春授拳之法与一般少林拳术不同，因它需要通过长期过手之练习，而过手之最佳练法，需由个别教授，故未容多教，因此华公收费颇昂，遂未为一般人士所能负担，而能学者，多为贵家公子，当时有“少爷拳”之称号。故在华公时期未能广泛流传。华公于1901—1907年间授拳，传人共有16人。而能得华公之技者，有吴仲素、何汉侣、雷汝济、其子陈汝锦及封门弟子叶问。1913年陈华顺中风病逝。

吴仲素（188？—195?）。其父于佛山开设缸瓦店，家境颇为富有。因为工作方面需要找换钱币，故与陈华顺成为好友，并经常在经济上资助陈。随后（1901年后）吴父将缸瓦店交付于陈华顺，并将仲素与仲素兄小鲁一同托于陈华顺。为答谢吴父，陈华顺在照料二人的同时亦不惜将本门功夫悉心尽传，此二人便成为陈华顺两名首弟子，故人称吴仲素为二师兄。此后陈华顺在铺内正式开始授徒。吴仲素经数年苦练，技艺大成，成为陈华顺衣钵真传之人，并代师授拳于小师弟叶问。民国初年，吴仲素在古路头街开设武馆，投其门下多是富家子弟，如合记盲公饼东何兆初，跌打名医李寿彭，“大益”五金店东张升若，李众胜堂少东李赐豪，英聚茶楼司库梁福初。当时佛山名重一时的“咏春三雄”阮奇山、姚才、叶问也常到其武馆受其点拨以及切磋拳技。吴仲素生平喜广交武术界的朋友，为朋友挥金如土，义气甚重。晚年逝前数年，生活已是相当拮据，幸得众多门徒合力资助维持，得以颐养天年。

陈汝棉（1884—1942），出生于佛山，顺德籍。8 岁时始随父亲陈华顺习咏春拳，由于自幼耳濡目染，加上数载勤学苦练，陈汝棉很快便有相当根底。技成后，在佛山西便巷“陈氏宗祠”开设医、武馆授徒兼医治跌打伤科。因拳法出自其父，故求技者众多，除传子陈家新、陈家廉外，咏春名师区康、招就等皆出其门下。1932 年后陈汝棉到广西梧州设馆，挂匾曰“佛镇陈馆”，后又在贵县广收门徒，其拳法拳技为人称道，时人称“两广陈汝棉”。民国三十一年（1942 年）病逝，享年 58 岁。

阮奇山（1887—1956），世居佛山朝观里，其父阮宠明是民国初年永安路从事化工颜料业的富商。阮奇山排行第五，人称“阮老楂”。他自小生性顽纵不羁，酷爱武术，其父不惜以重金，先后礼聘咏春武术名家郭宝全、冯少青为其兄长阮济云及阮奇山教授拳技，二人数载勤奋，技乃大成。尤以被后人称为“佛山阮老楂”的阮奇山成就为大，他天资聪颖，在研习拳术中懂得科学地融会贯通，将咏春门的拳、桩、刀、棍等功技挟于一身，与叶问、姚才被门人誉称为“咏春三雄”。生年仅传技于挚友张保爱徒岑能及记名弟子黄精。其传人在世界各地将咏春拳发扬光大，源出阮奇山一脉为数不少。1956年阮病逝于广州，享年69岁。

姚才（1890—1956），祖籍宝安县，世居普君墟安天坊，世家弟子。其父姚九枝在黄伞巷（今福贤路）开设膏、丹、丸、散中成药店。姚才人称“大力才”，其腕力惊人，能单臂伸直将一箩谷用绳吊于手腕之上而轻易举起。他自小好慕武术，拜阮济云门下学咏春拳，在师父精心培养下，经十载苦练武技大成。及后，其师阮济云往安南（越南）传授咏春拳，他赏识姚才是练武的好材料，故领姚到吴仲素武馆深造，其时阮奇山、叶问也常往吴武馆请教，三人常交流切磋，郭宝全曾二度到佛山，姚才除传子姚祺外，徒弟有高满、姚锡、霍超、林瑞波、吴日明等。

叶问（1892—1972），佛山桑园叶氏家族人。叶家为佛山望族。叶问幼时天资聪颖，然体弱多病，当年佛山咏春拳宗师梁赞的弟子陈华顺（找钱华）租用叶问家宗祠设馆授徒，叶问因年幼体弱，便有幸拜陈华顺为师，学习咏春拳术。而华公以其聪颖过人，勤奋好学，故经常亲自教授，而吴仲素则从旁协助，常与叶问过手，将咏春拳奥妙逐一指点，叶问因而武技大进。可惜华公染病不起，弥留之际，嘱咐吴仲素继续教导叶问及其子汝锦。1913年陈华顺中风病逝。叶问随吴仲素苦练三年，比前更大有进步，时年不过15。翌年，叶问奉其父命来港就读于圣士提反学校，在此期间，得同学介绍，认识梁赞先生之子梁壁，并随梁壁修练咏春拳术，尽得其学，且技更大进。1949年，57岁的叶问离开佛山赴香港定居。此后二十多年里，他先后在港九饭店职工总工会、九龙汝州街、李郑屋村、通菜街等地设馆授徒。叶问在社会上和武术界很有威望，跟其习武者遍及社会各阶层，其中不乏外国留学生。1971年，叶问弟子成立了“咏春体育会”，集教授、研究、交流咏春拳术为一体，并以此为中心，将咏春的种子传播至世界。经二十余年的苦心经营，叶氏门下高徒辈出，特别是凭着非凡的中国功夫扬威世界的李小龙。

张保（1899—1956），原籍四会邓村，世居佛山。早年曾师从中山县一出家人习武，后随佛山咏春拳师韦玉笙习拳兼学跌打正骨术。张保从业于佛山天海茶楼点心部，任点心师傅兼茶居行“会义”馆武术教头，常在“会义”馆、先锋古道“洪圣庙”及居家中传授咏春拳技。张与阮奇山为挚友，二人每有闲暇便切磋拳术，技艺日臻神化，成为一代名师。在众多的弟子中，得意门徒有岑能、黄吉泉、梁德源等。1956年张保因病逝世。

黎叶篪（1901—1968），原籍南海小塘，父辈落籍佛山。其父亲在佛山经营油糖粉面、火水、故衣，家财颇丰，宅第在朝阳街。黎自幼体弱，早期曾师从陆兰官学艺，13岁拜陈华顺之徒雷汝济学咏春拳以防身强身，又随师学习跌打医术。经三十多年刻苦练习，拳技日渐精湛，40岁开始授徒，门徒有劳华、劳煊、扬德、许三珠、霍润芝等。黎为人宽厚，武德纯良，过去学咏春拳者大多为富家子弟，而其所授之徒多为搬运、打棉胎的普通工人，他待徒如子，授拳从不收分文；他善收藏古董，不少英、日商人欲向他购买出境均不允，并于1956年向市博物馆无偿捐赠了珍贵文物3件；新中国成立后在市二运公司工作期间，看到搬运工人常扭伤手脚，他献出雷汝济秘传跌打药方，并自制“刀伤散”散发给南海小塘故乡的农民兄弟；土改前夕，将南庄田亩产业悉数献出。

招就（1902—1968），南海县朗边乡人，富家弟子。少年在西便巷师从咏春拳名师陈汝棉习拳，抗日战争后在筷子里

"众义"馆任主教，后往中山石岐太平路设馆授徒，两地门徒计有一百多人，得意弟子有彭南、区康、招允、梁日星、朱国现等。招就平生痴爱习武，由于生活无忧，全部精力、时间皆用于练武授徒，除潜心研习咏春拳、刀、棍、桩法外，还熟习五节鞭、七节鞭、齐眉棍、单刀、双锏等多种器械。一次在中山八区演示棍法，铁棍重达70斤，而招就舞来出神入化，呼呼生风，令在场观众目瞪口呆，叹为观止，表演结束后，百多位渔民、农民观众随即拜其为师，一时传为佳话。招就1968年病逝于佛山。

彭南（1911—1995），祖籍花县，世居佛山，因右脸有巴掌大黑痣，人称"黑面南"。13岁习武，跟从的师父有甘珠、梁世苏、伍文龙等。36岁时随咏春名师招就习技，后又虚心请教于咏春拳师黎叶篪，并尽得其真传。其精湛的武艺在珠江三角洲一带享有声誉。晚年热心于佛山的精武事业，积极参与对佛山武术的挖掘，整理出咏春拳的拳谱、木人桩谱等，为后人留下珍贵的武术资料。1994年荣获"广东武林百杰"称号，门徒有彭树松、彭树藻、陈树藤、邱隆兴、伦伙、韩广玖、甘家康等。

岑能（1926—2002），出生于秘鲁，5岁时其父在秘鲁病逝后，应祖母之命返回故乡南海深村乡仁和村。12岁时家道中落，经人介绍到佛山天海茶楼点心部当杂工，因工作勤快，深得点心师傅、咏春拳师张保器重并收其为徒弟，授以咏春拳技，又推荐岑随韦玉竹学习医术。岑习武刻苦，悟性颇高，为张保挚友阮奇山所赏识，张保力荐岑能于阮门下，阮将自身武技悉数尽传。岑能将二位师父长处融为一体，年纪虽轻，然武功精湛，18岁时在深村乡已是名声大噪。1948年因生活所需到广州谋生，在广州大德路开设医武馆，主教多年，桃李甚多。其医馆主治跌打伤科，因医术高明每能妙手回春。1984年代表省体委参加全国民间武术汇演表演咏春木人桩，名扬京华，饮誉神州，国内外前来求学者极一时之盛。1989年岑能在广州成立“岑能咏春拳会”，如今，广州地区习此拳者数万人，岑能生前也常年应邀到美国、澳洲、秘鲁等地授课、授拳。

李小龙（1940—1973），祖籍佛山。原名振藩，粤剧名家李海泉之子。幼年因体弱而拜名师叶问习咏春拳术，18岁往美国留学，毕业后在美国西雅图开设“振藩国术馆”传授中国武术。期间他悉心研究、吸收中外技击精华，创截拳道。1971年返港从事影视业工作，拍摄了多部轰动世界影坛的中国功夫片，从此中国武术名扬世界。其本人也被誉为“功夫之王”，他早年所习的佛山咏春拳也因此在世界各地大受欢迎。1973年在港突然逝世，年仅33岁。

如今，咏春拳已发展成为世界上流行最广、影响最深的拳种之一。目前世界上有五十多个国家和地区设有咏春拳馆，世界上有数百万人在学习咏春拳，每年都有数十万咏春拳爱好者前往香港、佛山参观寻祖，探求咏春之真谛。

第三节　咏春拳的理论心法

咏春拳从冷兵器时代走到今天，在泰拳、散打鼎盛的现代社会，仍受到大家的追捧，不可小视它独有的拳学理念和价值。咏春拳学理论心法堪称咏春体系的基石，在历代先辈对咏春拳的研究与实践中倍受重视。咏春拳的理论心法需要练习者结合实践去体悟。“滴水穿石”，若能持之以恒，武技必将达到出神入化之境。

咏春拳心法歌诀：

来留去送，甩手直冲；
长桥短打，以形消势；
落马摊腰，移步救手；
盘桥漏打，指必摸桥；
落空失午，就势朝形；
能悟此理，妙用无穷。

以上歌诀是对咏春拳理论心法的一个概括和总结。笔者不择浅陋，结合以上歌诀和自己的练习心得，将咏春的理论心法简述如下：

一、来留去送

“来留”是指实际搏斗中，将对方向我击来的进攻动作，我们除了进行有效的防守外，最好尽可能将其留住，利用咏春手法予以控制。“去送”者，当敌方强力向我们击来，我们利用手法改变击来之力的方向，令其攻击不能击中我们，并且施力于对方的肢体，使对方动作向改变后的方向运动，以期让对方失势或招式用老。

二、甩手直冲

“甩手”者，是当对方与你在实战中桥手相接时，突然将相接的桥手撤去。无论对手相接的桥手向任何方向运动，你只要感觉到对方撤手，就以最快速度第一时间发招冲出，直攻敌方距我最近的目标，此为之“直冲”。“甩手直冲”系通过黐手锻炼而成，并非一朝一夕可以做到。

三、朝面追形

咏春拳在实战中主张由敌我双方的中线发动攻击。因此，咏春拳练习者在实战中时常与对方的身体保持面对面的状态，这样便于进行中线攻防，我们把这种面对面的状态称之为“朝面”。若没有维持在“朝面”（如对方身体朝向其他方向）的状态，咏春拳仍然从自身的中线位置向对方的身体中线发起进攻，如此为“追形”。

四、打手为消

咏春拳要求练习者在实战中以积极的进攻来实现防御，亦称“打手即消手”。面对敌人的进攻时，一味地防御无法让你获得胜利，只会让你时刻笼罩在危险之下。你只有一个最佳选择，那就是打倒他，将其制服，你才会获得安全。

五、神形合一

“神”即意识，“形”指身体运作。“神形合一”意即思想意识与身体动作高度协调一致。如咏春拳“截神截形要求”指出，发现对方有攻击意识瞬间予以攻击为“截神”；对方攻击动作完成前瞬间予以“截形”。“截神截形要求”必须在具备“神形合一”的基础上方有可能完成。牢记“神形合一”心法，于锻炼之际多多用心体会，实为捷径之一。

六、精简短距

时间第一，时间决定实效。最好的招式就是以最简捷的动作，在最短的时间内完成最直接的攻击，而且能够兼有攻击及防守的效果。我们不论是攻击对方还是防御对方的攻击，均应按照最短距离、最简单动作的要求去完成。比如用中线冲拳直击对方面部，就比从己方肩外弧线发拳攻击对方面部获得更高的速度与准确性。

七、埋肘理论

咏春拳出手或防守大多数是手肘紧贴着自己身体的中线，这样可以让我方占据中线位置，以达到最短的距离攻击对方。同时，咏春拳出手后（不论是攻或守），手和手臂均不再蓄力，手肘屈曲回落在身体的中线。这样除了有利于自己同一双手能立刻再作攻击外，在防守方面也使敌方难以攻击我方上半身要害部位。

八、守攻同期

守攻同期是指几乎在破坏对方攻击的同一瞬间内反击对方。当我们防守对方的攻击时，在可能范围内我们应同一时间发招攻向对手，这样将会由被动变主动，达到后发制人。

九、左右兼顾

是指双手在实战中一守一攻、相辅相成。如对方冲拳击来，我以左手拍手防守对方进攻的同时，用右手冲拳攻击对方。

十、不消过笼

咏春拳消手以能消除对方来手的进攻而不超过防守所需范围为原则。对方来手若不可能击中我们，我们则不需要运用任何消法防守其进攻。不消“过笼”可以减少气力和时间的消耗，反击敌人也会更快。

十一、不追手

追手就是指离开防守所需范围来追着去接触对方桥手。咏春拳擅长桥手相接后的感觉和反应。所以初学咏春拳者很容易下意识地犯追手的错误。若对方桥手不在我方的防守范围之内，我们不要追着去接触他的桥手，反之应该趁机向敌攻击以求击敌制胜。不追手是指力求主动攻击，不做无效防御。如对方将动时，你有机会即可出手直接击打，不要等对方出手后消手再攻击对方。

上述文字旨在讲述咏春拳的特点，我们将在第二章中将咏春拳的拳学理念进行细化，结合技术分析和讲解来深层次地展现咏春拳的拳学魅力。

第四节 学习咏春拳的方法

当你看到这个标题时，并非笔者故意矫情，学习武术不同于我们学习英语、绘画等科目，毕竟它们之间有太多的不同。武术最大的特点就是在健身的同时还可以防身，可以应付突发的暴力事件。可能有许多的朋友认为，武术吗？拼命练就行了，不是有句话叫做“冬练三九，夏练三伏”嘛。毕竟这句话是通过艺术夸张的，不能反映学习武术的根本方法。

一、何为咏春良师

能够针对不同水平的弟子来教授不同层次的技术，这本身就需要良好的沟通技巧和丰富的学识。此外，师父还应该积极地鼓励弟子就他们所学的内容提出询问和质疑。师父决不能因为只是别人告诉他这么做，或者是因为传统上都是这么做，就去照葫芦画瓢教弟子做这件事。同样的，师父也决不能因为“这是秘传”而敝帚自珍。

如果弟子提出一个问题，那么师父应该考虑到弟子的理解能力，以一种清晰而准确（如果可能还应该有科学依据）的方式回答。不应该以带有浓重神秘色彩的语言和晦涩难懂的话语来混淆视听，也不应该像某些人鼓吹的那样，拳脚相加！这种态度即便不是完全的欺骗，至少也是毫无助益的。

师父应该因出色的教学能力而受到尊重。弟子要关注的不是师父的种族，不是师父有多强壮、有多快，甚至也不是师父的技艺有多精妙，资格有多高，而是师父能不能很好地把技法传授给徒弟。

一旦弟子学会了一种技巧，那么对他们来说，把理论解释给初学者或者与初学者进行练习，通常是一个不错的主意。这不仅能够巩固他们对这部分知识的理解，还有助于为他们将来成为一个好师父打下基础。

很多武术家都被披上了神秘和争议的外衣，这对于任何想要学习的人来说绝无助益。咏春拳并无秘密，只是不同的诠释而已。

二、传统与改良

对于任何武术来说，当我们从师父那里学会了技法之后，随着水平的提高，我们会开始发展出自己的个人风格。最终我们的风格可能与师父的大相径庭。这是因为我们具备独立思考的能力。创新是正常的、健康的，也是所有武术的性质。如果没有变化，生活将会索然无味。

只要我们不违背为这种拳法制定的基本指导方针，就没有任何限制。有着不同意见的人应该能相互沟通和讨论，最好是通过黐手之类的练习手段，而不是争吵和打斗来进行。打斗，不管是在笼子里、擂台上，还是在街头，无非只能证明一件事：一个人可以在打斗发生的当时当地所处的环境下打败另一个比你弱的人，而自身水平并没有实质性提高。

不同派系（和拳种）之间的友好的相互交流才是对各方均有助益的。通过这一过程，弟子可以学会应对更加多变的环境，适应不同流派运用技法和力量的各种方式。当然了，有的人永远也无法理解另一个人的观点，但是一个人不可能永远都是对的，而其他人也不可能永远都是错的，有时两个人都是对的，只是理解的方式或水平不同而已。

三、用正确的理论指导实践

从实践到理论的总结，再从理论到实践的学习是人类认识自然、创造自然的科学方法，咏春拳经历代咏春先师反复实践，已总结出一整套完整的理论体系，如“来留去送、朝面追形”等等。这些理论是咏春先师智慧与经验的结晶，蕴含着深邃的哲理及实用价值。我们通过对咏春拳内涵的深入实践与研究，运用现代运动生理学、物理学等相关学科来详细讲明咏春的原理，学拳贵在明理，得其拳中真意，才能有规可循，学习效果方能事半功倍。而且明了拳理后，就会对所学拳术充满自信，产生浓厚的学习研究兴趣，兴趣产生的动力可推动我们对咏春拳技的逐步提高，明白拳理后，就能避免初学拳时走入误区所产生的不良习惯，在拳理指导实践中培养出正确动作定型的条件反射能力。所以，学拳先明理是走向拳学成功的首要条件。对于咏春拳的理论及心法将在另一节介绍，这里从略。

四、立足于实践

学习咏春拳时既要对咏春拳理要领有透彻的理解，更要对各桩式、身法、步法、招式作反复的对比，明白各自的要领与作用，通过反复对比理解，你会明白最简洁实用、朴实无华的东西反而蕴藏高明的内涵，不切实际的花招却毫无实用价值。搏击是一门讲究实际体认的学问，来不得半点虚假。所以要把学习理解的内容在实际中不断体验，知行合一。实践是检验真理的唯一标准，要在实践中总结出自己的优点、缺点，然后反馈到练功中去加以修正，不须多久，正确的实战能力就会渗透到您的潜意识，带您走向成功。

五、根基务必要扎实

咏春拳是一门男女适合、老少咸宜、攻防俱备、功效显著的拳术。咏春拳术注重防卫，稳重灵巧。它拳快而防守紧密，马步灵活，移动迅速，攻守兼备，体力消耗小。咏春拳的防护方法是短桥相接，连消带打，来留去送，甩手直冲，多以前臂接触对方，化解对方的力量，而进攻时则义无所顾，讲究寸劲。学习咏春拳要先求形似，再求神似。即先求动作工整准确，放松慢练，不要一上手就求打出寸劲的力道而肌肉僵硬，马步虚飘。待动作熟练后，有所体认，再加入念力（即意念，内力）练法，以求提高，并最终形成自身的风格。

要点在于入门拳套小念头，此套路短小精悍，易学易练。但所担忧者，初学者切不可因其简短易学就轻视之，比葫芦画瓢，不求甚解，闭目自欺。相反，正因为其短小易练，更适合初学者练习，且不会耗时太多，方便你逐渐加码，提高运动量。小念头的每一招式均有其实用方法，学者更要认真体悟，每一动作都不可马虎，要精益求精。为将来练习更高深的咏春拳术打好坚实基础。

六、坚持不懈，功到自然成

这一条看似简单，但对于学习功夫的朋友来讲，却是第一重要的。没有坚持就没有量变到质变的过程，就没有最终的收获。恒心是练武必备的品质，如果你做不到，什么真传、名师，对你来讲都是一场空。

学拳练功的根本目的在于训练出实战的能力，即培养一种在较技时不需大脑思考的本能反应及动手能力。实战的能力不是一种单纯的能力，不是掌握了某一项单项能力就可完成的，它是多种能力的综合运用与体现，是对练习者反应速度、力量、心理素质、动作熟练程度等能力的综合考验。所以必须科学安排各项能力练习在锻炼中的有机程序。实战的各项能力也不是短时间就能体会把握的，其需要时间的积累，意识的逐步渗透，神经、肌肉细胞的反复体验，最后达到根据实战情况自由动态组合各项能力的境界。咏春拳学以培养实战能力为核心去构建训练体系，从内劲的培养，到攻防能力的提高，再到发力能力的体现等程序是要一步一步按照科学的锻炼方法而获得的，让各项能力在循序渐进的学习体悟中有效增加，然后形成实战的综合运用能力。

七、从整体出发看局部

任何拳术都有其富有个性的肢体表现形式，但任何拳术的终极目的都是一样的，那就是求得整体，整体的力量和整体的协调及整体的移动。而为了达到这一目标的所有功法和招式，都是渡河之舟，是在达到整体后必须舍弃的东西。说到这里，需要强调的一点是，虽然你很容易地理解了形式与内容的关系，但是你却不能因此就不重视形式，以为可以通过某种途径来直达内容，从而省却形式的练习阶段，并自诩为捷径。其实不然，对于一个初学者来讲，形式上的正确往往比内容更重要，所谓先求形似再求神似也。因为神似也就是内容往往蕴含着很多初学者无法理解的东西，或者是理解了也无法做到的东西。因此初学者必须通过形式来取得将来达到神似的能力。

有不少人喜欢用“真传一张纸，假传万卷书”来形容自己的东西是多么的珍贵。其实大不列颠全书以及四库全书从来就没有人说他们是假传。而如果哪位师父拿出一张纸，给你写上一句话，你就能得道成仙吗？所以说，真传还是假传并不在于说话的多少，他要根据接受对象来谈。他不理解，你当然要多角度、反复地为他讲；他一听就懂了，你又何必费话？李小龙一生的感悟是：以无法为有法，以有限为无限。这不正是教导人们，形式是通往内容的必经之路，你必须大步向前，而不要梦想一跃而至，但是你更不能总是低头看着脚下的路，却失去了你的方向。咏春拳练习时多为上肢的运动，特别是在练习小念头的过程中，马步基本不动，但练习者切不可忽略了下肢，丢掉了整体，使拳术在上下分离的状态中进行，那样是练不好咏春拳的。

按照图书学习的时候，书中的图像都是静态的，不可能像电影那样看到流动的图像。但您知道电影其实也是无数静态的图片通过快速的运转放映，利用人的眼睛视觉暂停保留的功能产生出动态的效果。所以我们学习时千万不要盯着一张图片过长时间的凝视，而应把每一个招式的几个动作当作一个整体来浏览，让其在视觉内产生动态的效果，然后再复看一个招式的开始图片与收尾的图片，中间的动作变化通过想象力运动起来。这样反复几次后，正确的动作就能记忆在您的脑海里。运用动态看图，重整体出发的方法可避免图书学习时孤立呆板看图产生的心烦意乱的弊端。

八、只有开阔的心境，才能领悟高超的拳道

练功训练的过程饱含艰辛，也充满乐趣。训练的效果是波浪式前进，螺旋式上升的。从简单到繁琐，又从繁琐到简单，每一次周期循环，似乎又回到了原点，而其实已上升到一个新的境界。只要以乐趣为动力，以实践为手段，最终可达到成功顶端。围绕培养实战能力的目的，在学习实践、实践学习的循环中不断地自我整合各要领心法。每一次循环整合都能相应提高实战的能力，最后达到各要领心法与动作完全融洽，出手动招皆为本能的无法胜有法的高境界。螺旋上升、循环整合的方法是科学的学习方法，能带你走向成功的彼岸。学习时不能抱住一种观念不变，自认为某一招法天下无敌的错误观念，尤为不可取。学习的过程融会贯通，不断提高自我的综合实战能力才是正途。这方面的成功先例，尤以咏春派的知名弟子李小龙为最甚。

拳术不单是几个动作招式的简单组合，而是精神、力量、技巧的有机统一。拳术也不只是战胜对手的手段，更是为了自我认识、自我完善、战胜自我恐惧、自卑心理的妙法，是可与生活融为一体，获得精神自由、事业成功的途径。拳术更不会是自我炫耀、欺压弱小的工具。习武之人应以遵纪守法、助人为乐、利国利民、提高民族体育水平为宏伟目标。我们始终须记住：只有开阔的心境，才能领悟高超的拳道。

第二章　咏春拳的技术原理

第一节　三角形原理

咏春拳的结构力来自于三角形理论。从力学原理上讲，三角形或金字塔形结构都很牢固，这一点毋庸置疑。

在咏春拳中，三角形理论是很容易理解和运用的，这是由我们身体的连接方式决定的。由双腿的二字钳羊马形成三角形，可以使身架坚实而稳固。这样就能更好地支撑上半身躯干，进而为形成三角形的手臂消解攻击提供牢固的平台。我们需要让自己手臂的形状像一个楔子一样，这样在运用手臂防守时，可以让对方的攻击偏向一侧，然后我们可以推动这个楔子直入对方中门或压垮对手的防线（图 2–1）。

如果使用正确的话，三角形理论可以让我们的身体中包含身架角度所发挥的力量，而不需要过多地使用肌肉力量。这种方法更为高级，但需要长时间的练习才会了解，因为合理的身架可以让四肢保持放松，让它们更加快速更加顺畅地从一个位置移动到另一个位置，不受肌肉张力的阻碍。

图 2–1

第二节 旋转还击

咏春拳练习者的身体要像一个旋转的陀螺或磨盘一样。如果有一股力量施加于它的圆周的任何一点上，它就会沿着与这股力量相同的方向旋转。当有一股力施加于咏春拳练习者的身体或手臂上时，他们就以类似的方式旋转。当身体的旋转使一侧远离攻击者时，另一侧就会接近攻击者（图 2–2）。反击就从接近对手的这一侧发起，可以利用重心的移动来增加出拳力量。向后移动的手臂用于控制对方的攻击，通常使用短促有力的猛拉，同时也借助旋转的力量来破坏攻击者的平衡并使其手臂远离我方的反击路线。旋转动作还可以让重心移动到对方攻击路线之外，通过这种方式可以将对方的攻击力消解并返还回去。

图 2–2

在旋转时，脊柱应该保持中正竖直，这样能让转体更加迅速和精准。可以使用与旋转方式相同的短而快的步法，当面对的对手非常灵活时，这种方式尤其适用。身体必须以一种可控的、干净利落的方式围绕接触点旋转。让攻击沿着其原有路线前进，你只需稍加用力控制对方的肢体，帮助它继续前进即可旋转至攻击路线之外，选择阻力最小的路线并沿着新的中线实施反击。

我们在旋转时要确保重心落于脚跟之上，不要落在脚趾上，并且在整个动作过程中髋部略向前挺。下颌微收、髋部保持水平并前挺有助于这个动作的完成。如果攻击是偏离中线的，那么旋转的方向就显而易见了，让被攻击的一侧向着远离攻击的方向移动。

如果攻击来自中线，我们可以选择向任一方向旋转。最终选定的方向可能会受到诸如双手的位置或者重心在双脚的分配等可变因素的影响。

身架的旋转必须快速、稳定和自信。你需要在压力之下运用这种技法。旋转至对方的攻击路线之外，沿着新的中线实施反击。

第三节　中线理论

通过中线理论的运用，上面我们说的旋转理解起来就更容易一些。这个概念简单的说，就是假想的一条直线，或者说一个平面，从你的中心沿着你所朝向的目标，通常是朝着对手的身体向外延伸。还可以理解为你注意力集中的方向。

当双方不接触时，双手一前一后都要置于中线上（图 2–3）。这样用于帮助探查或了解对

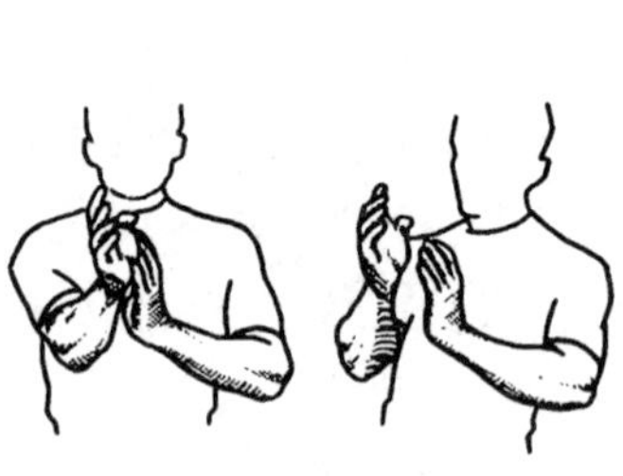

图 2–3

手来力的方向，以便于感知应该向哪个方向旋转，并由此确定哪种手型动作比较适用。如果能够对中线实施正确的防护，对手就会被迫沿着错误的角度攻击，换句话说就是向着你的中线的两侧攻击，这样就可以确定应当采取的正确的防守方式或策略。在这种情况下，对手的另一个选择就只能是使用杠杆作用或力量来迫开我们的中线，不过，我们仍可以通过旋转对这股力量加以利用。

因此，我们必须保持松柔，同时还要遵循基本原则，哪怕是面对凶悍的对手时也是如此。如果我们遵循基本原则并且防护好中线，那么对手必然会扑空并且攻击用力过度。这样就能够为我们提供打败他所需要的信息。通过这种方式，即便在压力之下，这种拳法也依然有效。

中线是一个会随着我们移动的假想平面。它能帮助我们简化或瞄准我们的三角形。

当技术水平相当的两人对战时，只有通过攻击过度或防守过度诱使对手犯错误，或者以更快、更敏捷的身手在对手察觉之前抢占有利位置才能取得胜利。

从上面可以清楚地看出，我们不仅要有效地防护中线，还要攻击对方的中线（与“沿着中线攻击”不尽相同）。这并不只是因为所有的薄弱点都分布在身体的中线上，而是因为中线是对方身体重心的所在，压迫对方的身体重心，能使对方无法最大限度地发挥出攻击技术。

当我们击打对手时，我们希望我们的打击能够产生最大的效果。我们希望攻击中产生的所有的力都施加在对方身上。如果我们想让所有的打击力都作用在对手身上，那么就不能让对手通过旋转来返还或消解这股能量。这就是要攻击中线的又一原因。

如果攻击落在正中央，身体吸收掉所有的能量而被向后推动，那么对方就无法用旋转的方法来卸力了。在这里必须要注意一点，对于攻击来说，中线是从来力方向到身体中心的连线。这与沿着身体前部所划的线是不同的，除非攻击是垂直身体直接打入的（图 2–4）。

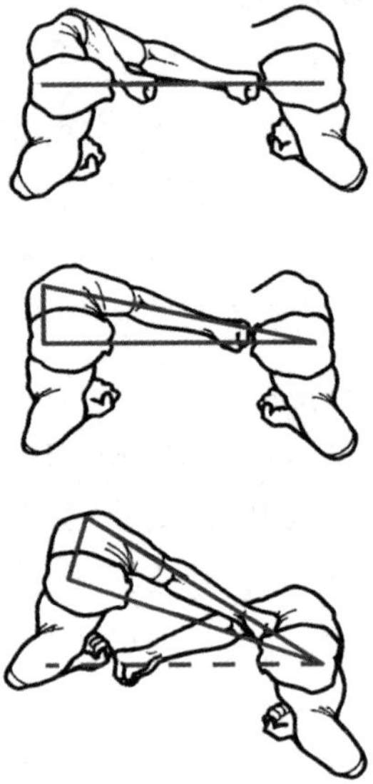

图 2–4

咏春拳的直拳如果是发自内线的，那么通常会垂直落在对方身体上。不过，如果从对方手臂的外侧打入，那么考虑到攻击者肩部的宽度以及重心线的方向，拳头就必然会斜着打在中线上。我们必须确保自己的能量穿过对手的重心。偏离重心的攻击是没有效果的。举个例子，一个台球选手想让母球在击中色球之后立刻停下。击打必须是垂直的，如果母球斜着打中色球，那么它就会在撞击之后继续移动，这就说明它并没有把能量全部传递给色球。

攻击应该瞄准对手身体的中线，让他难以旋转卸力。这样可以让攻击具有最大的效果。将最后三个原则结合起来我们可以看到：当你旋转至攻击路线之外时，沿着新的中线，还是瞄准对方的身体中线发起反击。三角形有助于引偏对手的攻击，同时保持稳固的姿势（图 2–5）。

图 2–5

第四节 肘底力

咏春拳师父经常提到“肘底力”，或者说将能量聚集在肘部。他们用这种方法帮助人们理解怎样使用正确的肌肉和避免手臂的紧张。

肘部的定位在咏春拳中广泛地应用于斜引防守，如膀手、伏手和摊手，以及削拦、封缠和控制对手的肢体。如果你的手臂处于对方手臂的内侧，那么在攻击时手掌或拳头通常要保持竖直。这样具有维持肘部向外的杠杆作用的效果。如果你的手臂处于对方手臂的外侧，那么肘部就要向中间挤压，这样具有让拳头或手掌略微斜向外摆的效果。

平常可以注意一下小念头中第一节结尾和第三节开始的掌击方法之间的差异。

第五节 力的有效运用

咏春拳以速度快和能够在超短距离内发出爆发力而闻名。

这种技术主要是有效降低肌肉和关节的使用，只使用达到某个目标所必须的力量。

如果你让一个人展示一下他的手臂力量，他通常会绷紧所有的肌肉，包括二头肌和三头肌，让它们膨胀起来。这样看上去感觉很有力。但是，由于这两块肌肉的用力方向是相反的，所以这样的力量全无用处！实际上我们应该这样问：在哪个方向上比较有力？

当一个举重选手做卧推时，他的二头肌会完全放松，以便于二头肌和三头肌能够发挥最大的作用。由此可知，除了防止手臂伸展过度和做出瞬间调整之外，咏春日字冲拳中不会用到二头肌。上臂上任何的反向张力都会减慢出拳动作。

推动出拳时肘部的摆放位置与肩、腕、手成一条直线，以及在击中的瞬间能量或张力的运用，也都有助于将能量全部传入对手体内。随后，手臂要立刻恢复到放松状态。在套路的练习中应该学会这种对肌肉和关节角度的正确有效的运用，并且要将其应用在每一个技法和拳式中。

第六节　寸劲与寸拳

咏春拳因其“寸劲”而颇具传奇色彩。如前面所说，手臂需要保持放松以便能够迅速地改变运动状态和方向。所以，从任意位置和超短距离发出瞬间爆发力就成了一种至关重要的能力。

通过正确的训练，在短时间内掌握寸劲并非难事。不过，你必须要了解打击力来自何处，这样才能提高它。简单而系统的练习方法可以帮助身体形成正确的习惯。

如果能形成正确的肌肉张力、关节排列和身架动作，那么你就可以利用移动中的身体的重量——而不是只用手臂的速度和力量来击打对手。

利用身架协助攻击能够确保以最小的付出产生最大的爆发力。你的双腿有足够的力量来带动上体的重量前移，从而为你的攻击增加冲击力，了解大地和打击力之间的关系是很重要的。

一、学会出拳

(1) 我们先通过练习来获得从手臂在放松弯曲的状态下让手加速运动的能力。手掌要打开，肘部要下沉。在出拳之前手不要回拉，不要移动身体，身架保持放松。动作应该在放松状态下，以出拳的姿势结束（图 2–6）。

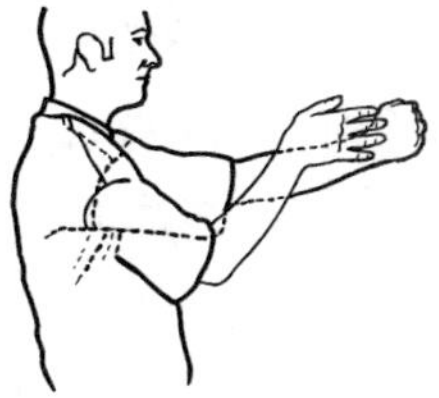

图 2–6

(2) 接下来学习在动作结束时握紧拳头，要确保出拳结束时下面的两个指关节向前突出，并且以肘部推动。手指应该在手掌前行的过程中卷起。

(3) 练习让身体随着出拳移动。这可以通过由正身马旋转身体，或者由步箭马进步来完成。在这个练习中墙靶非常有用，它可以确保你不会在关节处（腕、肘或肩）损失劲力，或者从目标上反弹回来。

(4) 在自愿配合的伙伴身上练习，或者还是用墙靶练习。如果在伙伴身上练习，那么务必采取适当的保护措施（即兴表演时可以在胸部垫上一本电话簿或比较厚的书籍）以分散冲击力，防止受伤。从手指接触保护垫开始，拳头不要后拉，直接打出。想象这个目标根本不存在，打出一记快速而放松的出拳，就像是击打空气一样。将这种想象一直保持到动作结束、拳头握紧的那一刻。

二、注意事项

(1) 不要推你的伙伴，虽然这在早期阶段可能有助于找到感觉。

(2) 不要以保护垫的表面作为击打目标。

(3) 你的出拳自始至终都要像打在空气上一样，如果能够获得有经验的练习者的反馈对你会很有帮助。

(4) 当你开始摸到门路时，要确保所有的演示都能够安全的进行，例如要选择自愿配合的成人，不要在玻璃门或其他危险物体前面表演（把人打退数米或者打倒都是完全可能的）。

(5) 在完成出拳之后，你的手臂和拳头应该立刻恢复放松状态，让它能够再次击出，或是做其他的动作。

寸掌在应用上与寸拳类似，但是你必须集中全力用肘部推动掌根攻击。

这也可以在墙靶上练习。通过轻微转体，将你的重量加在目标上。或者，通过身架的短促推进，同时略斜向上击出。不要反弹，也不要在关节处损失能量。如果没有墙靶，那么你可以在坚固的墙壁或门上练习（要小心）。如果技术正确，你能够感觉到是用身体的重量打出的。

使用大多数的关节都可以发出寸劲，比如说肘、肩、脚、膝，甚至是胯。

第七节　简　洁

咏春拳的另一个成功之处就在于它的简洁。咏春拳不会大量使用各种不同的技法，反而会让练习者努力理解一些简单技法的各种运用方式。通过这种理念，让简单易于发挥的技法就能应对各种复杂的情况。

咏春拳第一个套路“小念头”就是让练习者熟悉和巩固一些基本拳式，这个套路与单黐手训练密切相关。随后，这些思想会在第二个套路“寻桥”中进一步展开，在这个套路中会介绍转马、进步和腿法，同时进行双手同动配合练习，进而进行拉手练习。

黐手能够让我们在运动中全面开发出所有可能的技法组合及变化。这个系统的学习过程可以为练习者设定易于理解的目标。当练习者掌握了一个等级的内容之后，就可以进一步的加以综合和扩展。

咏春拳的基本拳式：护手、膀手、摊手、伏手等（图 2–7）。

图 2–7

一、膀　手

膀手是一种柔和的动作，前臂不能用力（保持手指放松）。要用肩部的肌肉保持肘部处于适当的位置，上臂应该与中线平行，防护手的肘部必须高于攻击手的肘部。

膀手的应用方式是肘部上翻向内撞击，或者向内挤压中线。当咏春拳练习者围绕来力旋转时，攻击者会由于扑空而用力过度。这种膀手的最终定式可以让我们处于从护手实施拉手技术的有利位置（图 2–8）。

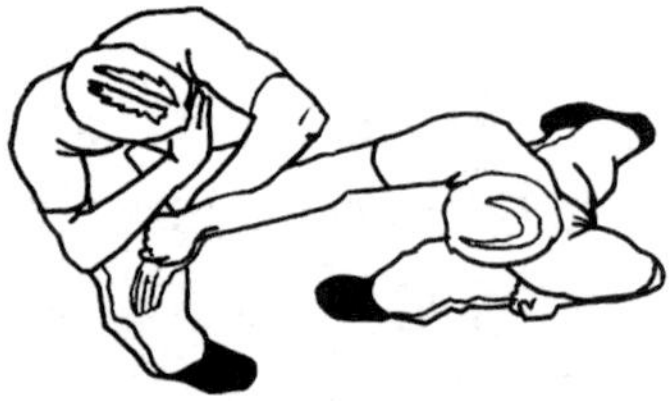

图 2–8

膀手可以在外线上使用（右膀左臂），也可以在内线上使用（右膀右臂）。在内线上使用时，必须多加小心以防肘部被别住。

膀手也可以用于桥手相接，用法与第二个套路（寻桥）第二节中的膀手相同。在这种情况下，防守者移步避开攻击路线的同时可以将手臂前送去跟攻击者的手臂相接。当你将膀手前送去接触对方手臂时，应该使用侧移步。当形成接触之后，可以用膀手的这条手臂实施拉手以控制对方的手臂。

膀手的这两种用法所使用的动作和劲力都不相同，中线所在的位置也不同，所以练习和熟悉这两种用法是很有用的。

二、摊　手

摊手是一个非常强有力的拳式，可以视作膀手的相反动作

(图 2–9)。它是依靠三头肌提供的劲力从肘部向前推动的。这就使得它在长度方向上非常有力。二头肌用于向上、向外旋转手掌。摊手通常也处于利于实施拉手或拍手技术的位置上。

图 2–9

摊手可以在内线上使用（右摊左臂），也可以在外线上使用（右摊右臂）。

你可以利用通过摊手（或通过中线）的多余力量，使其转为另一个动作，例如膀手。

要注意，在这种情况下，咏春练习者的手臂开始时处于内线，结束时处于外线，在整个变换过程中的任何位置都要保持接触和控制。这个动作组合也可以反过来用，也就是将膀手向前旋转为摊手。

三、伏　手

伏手用于从外门控制对方手臂的位置，能量应该集中于肘部和手腕，手不要向下推。通过肘部的位置来控制中线。当探测到来力时，咏春拳练习者旋转至肘部后面的安全位置（图 2–10）。如果另一

图 2–10

只手空着，那么这个动作可以很容易地变为拉手或拍手。

图 2–11

伏手也可以进一步的演变，变为另一种手法，例如枕手或扣手（圈手）。在图 2–11 这个例子中，手要从对方手臂外侧移动到内线。同样的，还是要在整个转换过程中保持控制和接触。

咏春拳的防守都是围绕着这些拳式进行的，所以对它们的深刻理解是必不可少的。这里的理解指的不仅是了解怎样与何时使用它们，还要了解它们怎样从一种变为另一种，在变化中怎样与何时用力，以及移步和转体会对其效果造成怎样的改变，在这些细节上见证练习者功力的造诣。

清楚地了解这些拳式的多种不同的使用方式，可以让我们的咏春拳更加精纯和有效。这些看起来可能过于简单了，但是要全面地理解和掌握这三个拳式的很多精妙之处可能要花费一生时间。

还要注意，每当手上不做动作时，通常都要保持在护手的姿势。护手位于中线上，当有攻击穿过防线时，可用于防护下颌、咽喉或鼻子。护手也是一个预备姿势，手既可以从中线弹出发起攻击，也可以变为其他任何手形。

咏春拳练习者每一个动作的目标都是达到力量和角度占优势的位置。在任何的防守、攻击、步法移动或姿势变换过程中，必须牢牢控制中线，从而始终让对手处于不利位置，迫使他从不利的角度进行攻击和防守。

在训练中，每一个动作都可以视作一个独立的步骤，你可以对潜在的选择进行简单的分析。一旦做出最佳选择之后，就可以训练形成正确的反应，并最终连接成为一串连绵不断的技法。正确的定位和排序教起来可能比较困难：首先需要清楚地了解拳架、手形和中线，然后通过对黐手的循序渐进的练习，可以正确地了解定位。

简洁的另一个方面在于，咏春拳的目标是找到并占据中线。只有一个简单的目标，从而总的思想也就很简单。相比之下，有些武术中对练或打斗的目标则是，穿过对手不断改变的攻防阵线，发起你的攻击。

第八节　触觉反射

由于咏春拳的触觉反射特性，其技法可以迅速地成为咏春拳练习者的下意识动作，成为一种条件反射（绕过有意识的思考过程）。这就使得我们能够产生比视觉反射快得多的反应。

触觉反射还能够让思想更多集中于其他方面，比如战术，以及更高水平技巧的获得。如果不使用这种方法，咏春拳练习者就不得不在头脑中保留大量的信息，并且要从中选择出所有可能的攻击方式。这就需要见过并了解每一种攻击的特性，选择并做出适当的防守。这在触觉反射中是不需要的，因而其选择过程就要快得多了。

自发反应的原理和过程我们目前还没有完全了解。不过我们相信，已经学会的下意识反射动作（包括走路、开车或骑车等日常动作）会成为大脑或肢体中的一种自动程序。

研究显示，身体内有两种动作程式：一种用于选择正确的行为模式，另一种用于控制和产生这些模式。在平时的练习中，咏春拳练习者可以预先编排好动作的细节，然后在实战中只要等待反应信号来触发动作即可。

咏春拳的练习方法可以把我们的手和臂训练成传感器，让我们能够感受到力的方向、大小和速度。我们采用的动作和手形是对手行为的直接结果；所以当它移动时我们的手形也要随之调整。另外要记住，从一个姿势变为另一个姿势中间的动作过程与最终形成的姿势同样重要。

我们的手臂和身体还必须担当减震器的作用。很有可能一个动作太快让我们来不及反应，或者微不足道不需做出反应。在这种情况下我们需要为自己缓冲，直到我们能够清楚地了解发生了什么事，并做出适当的反应。

还可以暂时将一股力量控制住或储存起来，然后再将其沿着不同的路线释放回去。这就像是一根弓弦或是一把弹弓，在向目标射出之前需要先把它拉开。不过，不能认为干脆利落的反应就是更加有效、更加高超的。

只有通过咏春拳套路以及黐手的练习，你才能够具备获得这种水平的敏锐度和技术的能力。

第九节　攻防同步

攻防同步的意思并不仅仅是用一只手做一件事（防守），而用另一只手做不同的事（攻击）。在咏春拳中大多数的情况下都是如此。同步攻防还包括用一只手同时实现这两种功能。

在实战格斗中，当对方拳打来或脚踢来时，有的拳法是在格挡对方的进攻时所使用的方法，一般是以一手格挡，然后再用另一手反击敌人，一格一攻。是先“一防”再“一攻”，也就是把一个完整的动作分成了两步或者两节拍去做，格挡与出击通常不能同时一手使用，或不能同一个时间完成。从速度和效率上来说，延长了反击的时间，容易贻误战机，故而动作自然会慢一半。而咏春拳则不同，咏春拳的打法是“在防守的同时便进行反击”，亦即将别的拳派两个节拍才能做完的动作在一个节拍内做完，用来节省一半的时间。当对方拳打或脚踢来，被咏春拳的“八法”黏住时“耕拦摊膀，黏摸荡捋”，对方已经同时处在我削其攻击的一手中。在拳法上任何一种先挡后打的技击法，不管速度多快，总比不上连削带打的速度。搏击的取胜往往取决于关键性的“几分之一秒”或是“几十分之一秒”，所以哪怕是快一点点，你也会占得先机。也可以说咏春拳一出手就具有攻与防两种意义，也就是它们没有单纯的防守，也无单一的进攻，而是“攻中寓防，防中寓攻”。这样一来，就是防护（反击）却又可同时击中对手，说是进攻却又闪开了对手的攻击，总之是攻中有防，防中寓攻，攻不离防，防不离攻，讲求“攻守合一”与“消打合一”。咏春拳之法是遇虚无之仙境，一势即可破，加上以简单为主，有惊人的速度，这正是咏春拳的威力和奥秘所在。

通过防守中线，而不是追逐对方的双手，咏春拳练习者可以用一条手臂在引偏对手的攻击的同时攻击其中线。这种情况通常出现在肘部下压对方的一条手臂，同时手掌和手腕还能自由实施攻击时。寻桥套路中的摊标手就是一个很好的实例。膀手也可以转化为短促的肘击，只需缩短距离，适当发劲即可。

第十节　身架和身形的重要性

咏春拳的身架通常会被误解，因为第一次看到或者第一次练习时，它似乎非常的笨拙和不稳固。但是，与这门武术的其他方面一样，一旦了解了其中的原理和力学结构，其意义就要大得多了。

了解地面（或我们的脚）与双手的关联对于动作的技术原理，以及有力地攻击和有效地防守都是至关重要的。这两者明显是连在一起的。但是我们需要明白，当实战中身体进入一个姿势时会出现什么情况，不同的身架怎样对某些情形产生助益，我们又怎样才能从一个姿势流畅地转到另一个姿势而不会受到某种身架的限制，不会被对方击破。

咏春拳练习者要了解用脚蹬地，通过旋转躯干获得力量以及通过肩关节前送提高速度的力学原理。空手道练习者使用髋部的旋转来产生力量。咏春拳通过身架和步法产生极高的速度和准确度，而不会使重心过度前倾。

前面已经讲过：通过旋转来返还力量，劲力的正确使用以及肘部的杠杆作用，但是如果不能为它们提供一个稳固而灵活的身架作为基础，那么这些都是毫无用处的。

任何固定的身架只在某个方向上具有稳定的强度。通常，咏春拳的正身马对于接受侧向力来说比较稳固。正是出于这个原因，咏春拳训练的早期阶段强调三角形，强调使用可以向内侧卸力或者通过旋转横向卸力的手形。

当受到攻击时，我们必须转向来力的方向。始终保持身形的最佳强度是至关重要的。我们的身架需要在正确的方向上保持稳固。

对于咏春拳练习者来说，进步和转马要做到像走路一样自然。不管对方做什么，你必须能够在身架移动、进步和踢腿的同时保持完美的距离。动作的排序和定位会随着你的身架和手形而改变。

还要讲的一点就是双脚的位置，有些人提倡脚尖内扣，而另外一些人则说双脚应该平行。其差别在于，如果脚尖内扣，你就可以通过只移动一只脚来完成转马。在转马时后脚保持不动确实可以提供更稳固的基础。

如果双脚保持平行，那么必须要同时转动双脚才能完成转马，这就会给转马带来一些稍微不同的感觉。通过不断的操练以及寻桥套路的练习，你可以确定哪一个更合适，确定每种方式适用于什么情况。

在任何旋转动作中都必须把重心落在脚跟上，这一点可以通过保持头部竖直、脊柱正直来辅助（顺着自己的鼻子看对手）。膝盖必须内旋，必须与脚处于同一直线上，这样可以消除施加在膝关节上的侧向力，并防止膝盖锁死。这个动作还有助于保护裆部。

髋部必须前挺，并且在旋转时保持水平。在正身马中平衡点应该落于双脚正中间，在转马之后应该落于脚跟上。身架应该感觉灵活而有弹性，不应该僵直拘谨。

在转马时，将重心落于脚跟上，不要后仰。如果你以脚尖为轴旋转，那么头部就无法移动至攻击路线之外（图 2–12）。

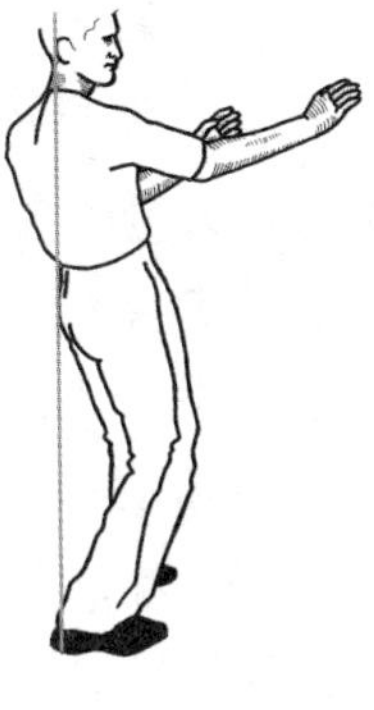

图 2–12

只要可能，上体的动作必须源自双脚、膝盖和髋部，而不是腰、背或肩，因为那样可能会让我们丢掉三角形。

在转马之后会进入步箭马的练习，在步箭马中重心应该落于后脚的脚跟上，后腿实，前腿虚（便于进步、起腿、变换方向或身架）。后腿是我们与地面的连接纽带，使我们能够向前或向上推进，能够加速或吸收来力。前腿可以防止我们的身体被前拉或防止手臂被下拉。前腿还能在我们前进时起到刹车的作用，防止重心过度前倾，还可以在我们需要后移或变向时用于向后推动。

任何攻击或防守的力度都在很大程度上依赖于身架的稳定性。没有稳固的身架，我们就无法为击打提供坚实的基础。

打击力取决于速度、体重的移动以及技巧。体重无法改变。速度可以通过肌肉的训练和正确使用得以增长。而技巧则可以通过透彻的了解力量怎样从身架中产生而获得大幅度的提高。利用体重的能力来自于地面，因为我们要用脚和腿蹬踏地面。为了更清楚地了解这一点，你可以试一下如下这个简单的练习。

身架测试：

采用步箭马（右脚在前），找一个训练伙伴来推你的右摊手，感受一下左腿对力量的吸收（图 2–13）。如果手臂上的力突然撤掉，它可以向前弹出一记冲拳。右脚用于防止身体过度前冲。后腿的弹力会传递到前腿中并向上传至手臂，而不会过度前冲。

图 2–13

在某种程度上，这就像是投板球的动作，球从伸直的前腿中释放出来，然后手臂就像一个弹弓一样推动球前进。

然后让你的训练伙伴向前拉你的摊手或后颈。不要让你的身体前倾或转动。不要弯腰，以免破坏身架（图 2–14）。感受一下施加在前腿上的压力。后拉，就像在拔河比赛中一样双脚蹬地。如果身架开始前倾，你可以向前一小步，前腿重新定位，后腿跟上，调整姿势。

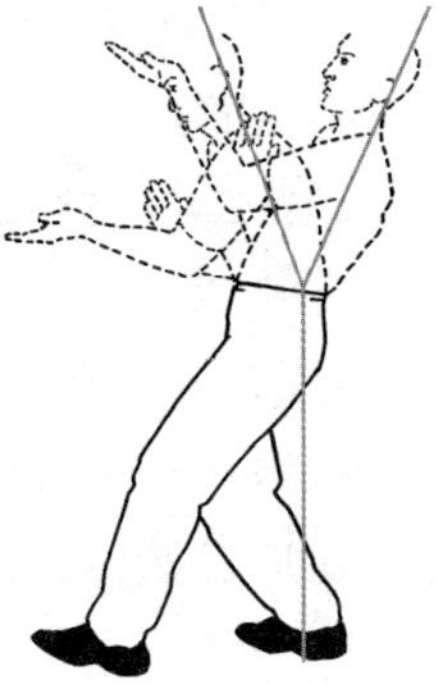
图 2–14

在移动时，双腿应该保持弹性，作用就像一个减震器，但是你必须保持身体始终在同一高度上，不要上下起伏，也不要试图从上面跨过对方的防守去攻击他。相反的，你要像一个楔子一样（利用三角形原理）插向对手的中线，迫使他使用蛮力来遏止攻击。

第十一节　步　法

在从正身马转为步箭马时，有一点需谨慎，那就是通过移动腿来靠近或穿过重心，可以让你在转换身架或姿势时双手基本保持不动。这就让你能够在不暴露意图的情况下大幅度地移动位置。这种技巧实际上与标指中的圈步是相同的（图 2–15）。通过这种精妙的步法，你可以直接

图 2–15

从正身马接近对手。当你想攻击但角度又不适于发起进攻时这一策略很有用。

有些练习者已经舍弃了传统的步箭马，选择了侧身步或环绕步，类似于八卦掌的步法。当对手近身攻击时，不是将防守步法向前旋转 45°，而是像网球选手接发球一样。围绕攻击移动具有像转马一样的卸力作用，能够移动更远的距离，同时还可能在从起始位置启动时具有更大的灵活性。

这种“侧向”步法在你受到来自前方的攻击压力时也特别有用，可以让你向侧方滑出，在对方移动时发起攻击。虽然侧向步法在横向移动时很灵活，但是如果你想追赶后退的对手或压制对手时却并不太实用。这是因为你不可能在脚步不内移（使用圈步转为步箭马）的情况下自由地施加正向压力。

第十二节 腿 法

虽然在大多数时间内双脚都稳固地踩着或贴近地面，但是咏春拳练习者也要了解怎样以及何时实施有效的踢击。在学习怎样踢击之前，你必须先学习基本的身架、进步和转马，以便于正确地理解平衡，以及腿和髋部的动力结构。

所有的咏春拳腿法都包含在寻桥和木人桩法中。这些腿法有时被称为“无影腿”。它们的特点是快速、直接、起腿低，攻击目标包括脚，胫骨，膝盖（前、后、侧面），大腿，裆部和髋部。

咏春拳的腿法起腿高度很少超过腰部。它们迅捷和精妙的原因就在于它们的应用原则与双手相同，例如，它们通常直接踢向目标，而不需要先蓄力或回收。在实施前踢的同时，髋部要保持前挺，角度基本不变。

腿法的攻击力来自于腿和身体的加速运动，而不是靠推动髋部获得，那样会削弱身架，导致身体失衡。

腿法用以攻击目标的力量与寸拳相似，但是力道更重。同样的，也不能过度用力。

前踢通常由转马发出，或踩或踹。由转马或拉手发起踢击（图 2–16）。

脚的路线与圈步中相同，脚要外旋并后钩。这种踢击可以从圆中获取动力扭矩，同时又不会通过手部动作暴露攻击意图，因为它的路线会穿过重心。

图 2–16

有时踢击可以由大的步法或拉手等手部技法形成，这也使得它们很难被察觉。

如果身形被破坏，踢击可以用于扭转形势。如果身形被向后破坏，那么可以使用前踢腿，如果你遭到来自侧面的攻击，侧踢会比较适用。侧踢对于摆脱锁臂也是一种很有用的方式（图 2–17）。

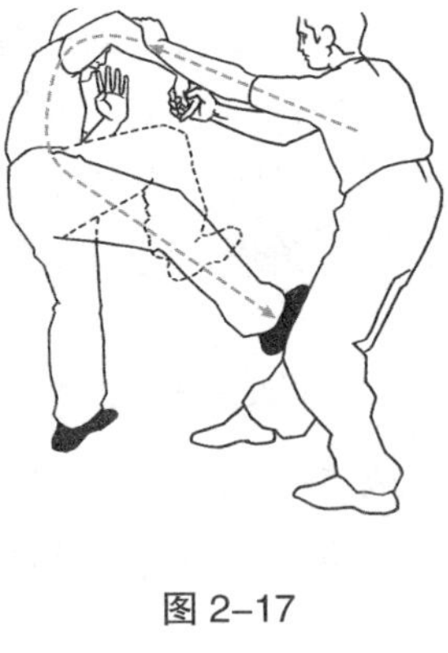

图 2–17

在踢击中需要牢记的是，要维持稳定，保持平衡，还有最重要的就是，在发起攻击之前要控制住对手。因此才有了这种说法："如果你想像骡子一样踢人，那么就要三条腿着地！"（两条是对手的，一条是你的）。另外，在踢击时我们需要知道踢哪儿：简单地说就是要踢击离得最近的目标，或者是当时最适合的目标，与手部攻击相同，你要准备好随着情况的改变而变招。

通常，向前或向下的猛拉会让腿部进入踢击范围内，还会迫使对手把重心落在这条腿上，由于它的承重特性，这会使其成为更好的目标。如果在这种情势下有任何的不确信或不稳定，你都要把双脚牢牢地钉到地上，继续用双手控制对方。

对踢击的遏制和防守可以通过几种不同的方式进行。第一种是接近并压制对手。很多武术家和其他的武者对咏春拳使用的距离会感到不适应，当然也就无法从这个距离上发出有效的踢击。如果对手试图拉开距离，只要始终紧随他们实施压制就可以了。

"以踢防踢"是另一种方式。换句话说就是，如果对手试图从近距离踢击你，那么当他的腿离开地面的一瞬间（这一点可以感受到并且在黐手或黐脚中加以训练），将你的前腿抬起，以防止它被压制在地面上，并顺势踢击对手的支撑腿（图 2–18）。

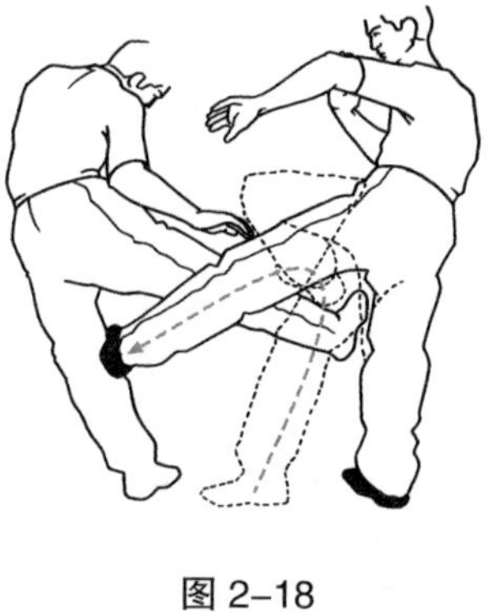

图 2–18

其他同样有效的防守包括使用耕手等技术来保护下肢区域；或者只需在适当的方向上猛拉对方手臂（通常是向下），同时将脚提离地面。这样具有破坏平衡的效果，引发身体的防卫机制，迫使对手的脚迅速落回地面以防跌倒。

如果对手试图用脚扫踢你的前腿，那么你就要像手部动作那样轻快地将前腿回撤至中线，然后踢击其支撑腿。踢击通常可以与双手联合使用，用作封缠、干扰，或为双手提供可利用的离心力。

这些技术大多可以通过黐脚来练习，甚至与黐手结合起来练习，但是必须要保证在可控制的状态下练习，因为大力踢击膝盖等脆弱部位是很危险的。另外，如果你总是在练习黐手时起腿，那么很可能会因此而忽视手部的训练。

第十三节 接 桥

如前面所说，咏春拳相对于其他流派的优势在于接触状态下应敌的能力。一旦形成接触对方就无法摆脱。另一个优势是，咏春拳采用的距离对于其他大多数流派来说实在太近了，他们不得不后退，我们则紧随而上，始终对其施加压力。不过，并不是所有的状况下都能从一开始就形成近距离接触。在这些情况下我们就要想办法形成接触，最好是在不被对方击中的前提下！值得注意的是，我们的主要目的是形成接触和寻找中线，后面的事情就交给我们的触觉反射和黐手技术了。

我们要在移动到攻击路线之外（根据攻击方式选择转马或移步）的同时逐渐形成接触，以便了解该采取何种措施。我们通常认为问手比较适用于接桥（所谓不问不知道）。每一次攻击都要非常认真地对待，就像尝试抓住一个类似板球的硬物或者类似鸡蛋的易碎物体一样。

一旦形成接触，我们就可以判断出对手的粘劲、速度、力量和张力，从而确定最佳的应对策略。最简单的方式就是让自己的防线偏离中线一定的角度，这样可以让攻击沿着预期的路线行进。当对方攻来时，利用侧步向选定的一侧移动。

桥手直捣中线（图 2-19）。一旦形成接触，我们就应该做出像黐手中所练就的那样的反应。

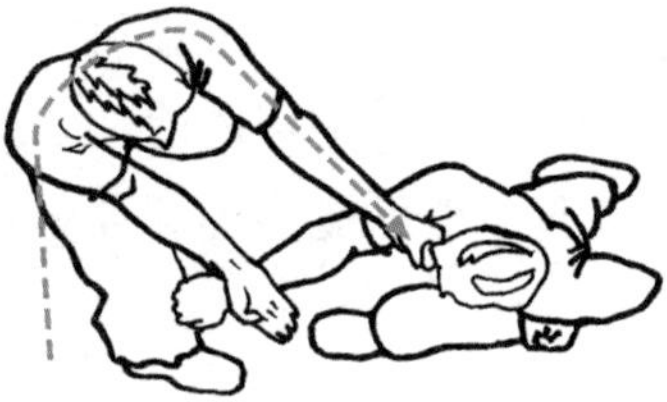

图 2-19

可以使用适当的手法进行接桥，如膀手、摊手、耕手等。通过应对各种不同攻击的练习，你很快就会发现哪种方法最适用于哪种状况，但是你必须保留一定即兴发挥的余地，以便于在转换手法之前找出最流畅、最安全的接桥方式。

别忘了，我们的目的是形成接触以便寻找中线。为了安全地实现这一目的，你的步伐必须非常灵活，能够迅速地转换方向（保持良好的平衡）。想象一下网球选手等待接发球的状态，或者回想一下在学校时玩捉人游戏的情形，实际上没什么太大的差别。

第十四节　学会流动

初看起来，咏春拳是由几个不同的直线（两点之间最短的距离）技术组成的。这个拳法体系中有很多短、脆、快的动作，会频繁、快速地改换方向，其最终目标是快速击倒对手，以阻止对方实施的攻击。

那么，这又是怎么跟黐手的顺畅、柔和以及流动联系起来的呢？首先，咏春拳中的圆形动作并不比直线动作少，实际上，大多数直线动作都来自于圆形动作。要知道，身架的旋转会把直线攻击转化为直线的反作用力。每当我们的攻击被对方挡住、封住或拨开时，就需要通过圆形动作让手臂重新占领中线位置。

我们必须保持放松，这样才能在攻击的中途改变方向，而不需要停下来思考下一个动作是什么。如果没有这种顺畅无间的感觉，那么咏春拳就会变得不连贯，改变方向的时候就会出现停顿。这种停顿对于技术的发挥是有害的，会让对方察觉到你的意图，如果对方是高手，那么就可以轻松消解你的攻击并攻入你的中线。

在刚开始学习一个动作时，往往需要把它拆分成几个简单的分解动作。一旦掌握了动作要领，我们就可以重新把它们连接在一起。同样的，独立的动作和姿势转换也要顺畅地连接起来。

最终，你的动作应该围绕着中线连绵不绝地流动。在这种流动的攻击之下，如果对方仍能坚守防线的话，那么就是你泼上一桶水，他也不会被弄湿了。

在练习黐手时，方向的改变是顺畅而微妙的。当我们呼吸时，一呼一吸都是有始有终的，但是除非是在大口喘气时，否则我们并不会意识到从吸入到呼出之间的变化。黐手中方向的改变也应该以这种圆转无隙的方式进行。

从某些角度看来，咏春黐手或太极推手的手形与古老的阴阳符号非常相似。摊手和膀手就像阴和阳一样，可以视为对立的两个概念。阴代表着柔，就像膀手，可以偏引对手陷入用力过度的状态；阳代表着刚，是一种包含着能量的动作，就像摊手，会形成一道坚固而灵活的屏障。当一只手变化时，另一只手也必须随之而变。双手皆刚或双手皆柔都是非常危险的。黐手中的任何动作（攻击或防守）都应该与对手的步调一致，这样感觉起来就会更加自然，对手也就更加难以察觉和做出反应。

第十五节　四门原理

咏春拳给人最大的印象就是“招法快如闪电”及“手法之防护风雨而不透”了。那么咏春拳是如何做到这一点的呢？这是因为咏春拳有一个独特的“四门原理”。所谓的“四门”，就是在身体上半身的正面位置划出一个四方形的面积，此“四门”之标准是高不过眉、宽不过两肩、低不过腿。然后再在此四方形面积内划分为四块面积均等的方形区域作为对方攻来时各种格挡法的依据。

如图 2–20 所示，将身体上的这四块面积分为一、二、三、四几块区域，分别叫做高外侧门（区域一）、高内侧门（区域二）、低外侧门（区域三）、低内侧门（区域四）。咏春拳还根据这几块区域制定出相应的防守策略，如左摊手用来应付对手对我高外侧门的进攻；右摊手用来应付对手对我高内侧门的进攻；左拍手用来应付对手对我

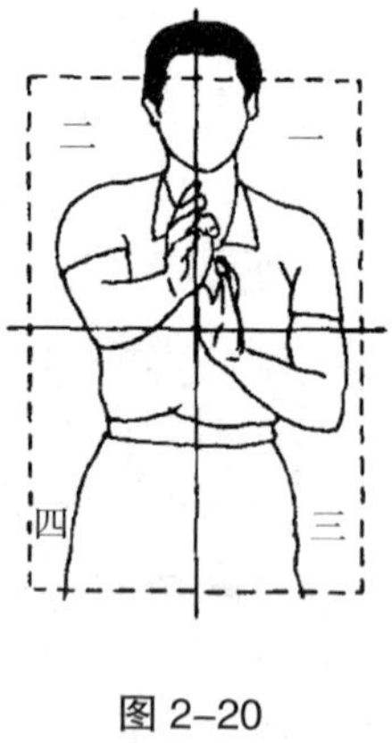

图 2–20

高内侧门的进攻；右拍手用来应付对手对我高外侧门的进攻等等，本书会在后面的章节中具体讲解“四门原理”在实战中的运用技巧，让大家懂得如何根据实战的情形来灵活运用“四门原理”。

第十六节　单练套路

为了获得顺畅而精准的动作，必须进行单人训练。这种练习可以让我们了解身体的运动方式，以及基本动作的控制模式。我们还需要了解这些动作对我们的姿势有何影响，以及如何从一个姿势快速而顺畅地转到另一个姿势。为了发挥咏春拳的效力，我们必须对以下的身体力学知识进行充分的了解：

(1) 肌肉能量的正确而有效的运用。

(2) 关节（腕、肘、肩和背）的角度与位置。

(3) 上体相对于下体的运动（髋部的调整以及腰部的运动）。

(4) 运动中（前进和旋转）身架的运用及其对双手的影响。

咏春拳的三个徒手套路能够以一种易学而又系统的方式教会我们上述所有知识。这些套路中包含了咏春拳中所有的核心概念与技术（除了只有在黐手中才能学到的定位和感应之外）。

咏春拳有三个徒手套路、一个木人桩套路和两个兵器套路——六点半棍和蝴蝶刀。

套路中包含的内容能够帮助练习者形成和维护良好的身体习惯，增强肌肉组织和关节系统。任何对套路的增加或更改都有可能改变或削弱整个拳术体系，因此必须严格遵照套路练习。试图通过设计新的练习来检验新理论是非常幼稚的行为。

对于很多人来说，在练习套路时要假想与一个或几个敌人战斗，而在练习咏春拳时却并非如此。你不可能自己一个人格斗，而且由于咏春拳与那些具体的招式不同，通常比较偏重理念，所以采用假想敌的方式会限制练习者对拳法的理解。与其给各个动作设置具体的、固定的目标，远不如从概念上、广义上来对套路进行阐释。从简单的概念可以衍生出大量的方法和技术。反之则不尽然。

套路中包含咏春拳的很多核心理念，在探寻的过程中，你的想法可能会不断地改变和发展。这都没关系。套路本身就是以抽象的方式设计的，以防止练习者为套路所禁锢。只要不违背基本的原则，你大可率性而为。套路是通向自由的大道，而不是束缚自由的绳子。

小念头、寻桥、标指、木人桩、六点半棍、八斩刀等具体内容会在第三章进行讲解，这里从略。

第十七节　咏春拳训练方法

咏春拳有一些独特的训练方法。这些训练是在接触状态下进行的，循环不停，包含一些简单的重复和变化。其目的是让一些正确的反应成为身体的条件反射。

有些训练包含一组特定的动作，但是这些技术都是随机性的，而不是预先想好的。为此，一旦掌握了基本训练，就可以加以变化，并根据具体的要求对其进行调整。只要了解了基本思想，循环训练不难掌握，而且这种训练可以在不进行实际格斗的情况下加快学习进度。最终这种训练应该引入黐手练习中，成为黐手的组成部分。

咏春拳最重要的特点不是在形，而是拳的中心思想。咏春拳注重的是拳术的活用。习咏春拳者最重要的是锻炼“随机应变”的技巧，因敌人是活的，他也绝不会预先让你知道他怎样向你攻击。因此咏春拳中没有“对拆”这回事，取而代之的是“黐手”的练习。双方纯靠本身感觉予以反应变化，绝无默契，反应慢者必定输给对方。

黏手练习其目的是：锻炼与敌方桥手接触后的感觉和反应；锻炼制造和寻找敌方的空隙；锻炼双手的左右兼顾和一心二用；锻炼咏春拳心法如“来留去送”“甩手直冲”“不消过笼”“不追手”等等；练习攻、防手法与组合运用；练习手法与马步的配合。

在“黐手”练习过程中，当双方桥手相接后，应注重对方有没有破绽和空隙，对方力的方向和转变如何，以及对方的攻击和防守中有没有破绽等所有“信息”的体会。咏春拳特别注重感觉和反应。咏春拳认为用眼觉察后再发出的反应比桥手相接后感觉的反应慢。因为从眼看到要经神经线传上大脑，然后大脑才下命令去作适当反应。然而桥手相接的感觉反应乃是走捷径的，经由脊骨神经而发出的，所以反应较快。经过适当锻炼后，桥手相接的感觉和反应当会达到。

第十八节　其他概念（标、逼、膀）

标、逼、膀的概念与手法变化密切相关，是拳法体系的基础。简单地说，这三个概念可以理解为前冲、环绕和遏止，可以视作占据中线这个整体目标的细化。我们可以通过一个实例来对这些抽象的概念加深一下理解。

如果我们的手是自由的，或者正在向我们需要防守的区域之外某一点移动，那么它可以沿最短的路线打向对手的中线。如果在中途遇到阻碍，那么我们的手可以绕过障碍物，沿原路线前进，或者换一条路线。任何侵入我方中线的攻击都需要加以阻止，并轻快地加以吸收、返还或拨开。如果不确定，那么就黏住它，等待时机。

在这里，你需要记住咏春拳的一句经典拳谚："来留去送，甩手直冲。"毫不夸张地说，这句谚语囊括了全部的咏春拳体系。

第三章 咏春拳内容详解

咏春拳法，分为小念头、寻桥、标指三套基本拳法，每套拳法均有独特的理论构思。换句话说，三套拳法各有不同的锻炼及攻防运用效果，每套拳法均有中心理论作为锻炼目标。而三套拳法互相配合运用，便成为攻守兼备、威力无比的攻防武器。加上一套木人桩法，作为辅助练习，除了增加练习兴趣外，也加深对拳理的思考和感受。再辅以黐手、功力等练习手段来锻炼咏春拳爱好者的攻防特质，可以迅速提高练习者的实战水平。除此之外，尚有八斩刀、六点半棍等器械来锻炼练习者对器械的运用技巧。这些，构成了咏春拳自己独特的武学体系。

下面，在介绍咏春拳的基本动作之后，再分别介绍三套拳法、木人桩、八斩刀、六点半棍、黐手等的简单原理，然后再进一步分析它们各自的独特之处。希望有助咏春拳练习者掌握层次分明的练习方法，加深对咏春拳的了解，从而得到最佳的练习成果。

第一节 咏春拳的基本动作

咏春拳的基本动作无一不体现咏春拳的拳术守中用中、寸劲发力、动作简练等特点，如日字冲拳、摊手、膀手等，无不如此。基本动作练得越扎实，在练习套路和黐手时，功力就会提高得更快。

咏春拳的基本动作可以说有很多，但是没有必要每一个都写下来，这样浪费读者的阅读时间。从实际练习角度出发，很多动作之间的原理是相同相通的。希望练习者在练习咏春拳的基本动作时不要以练会动作为终极目的，应该借此去触类旁通，悟透其他的动作要义和咏春拳的技术精髓。

一、二字钳羊马

咏春拳最重要的基础便是二字钳羊马的训练。无论是拳功的锻炼，还是技击实作，都是在此桩基础上进行的，整个运动系统也是在此桩上产生的。咏春拳讲究“力从地起”“腰马合一”，马步、桩功的重要性是如何强调也不够的。

众所周知，咏春拳正身坐马时是站“二字钳羊马”。大部分的武术扎马都是四平大马，如同一个人坐在马上一般，咏春马比别家武术为小，故不称“钳马”，而称“钳羊”（此处只取其意，不是说如真羊大小）。有说“钳羊”应为“钳阳”，此说颇为矛盾。至于说以内钳之力将敌方之腿钳住，实际却是绝不可行，笑话一宗。

二字钳羊马最重要的内涵是将两膝略向内扣。但是不能真的将双腿用蛮气力内钳，而是保持双膝内钳的用力意识和动作就行。这种双膝内钳（内夹）的力度，称之为“钳膝力”。“钳膝力”使双腿产生了“三角架”般的稳定作用，促使重心聚于下盘双膝以下的位置，而上身保持松弛灵动的状态。这样既严密地防守住下体，又解决了上气弊气、心浮气躁的毛病。

在双膝夹力保持不变之下，带动全身刚柔一体的协调变化，这种以双膝内夹启动全身的刚柔一体是咏春门独特的桩功训练。在以后的粘手训练中，有无“二字钳羊马”的功力所产生的效果是完全不一样的。没有“二字钳羊马”基础，在实作对拆中则会出现上重下虚，运动中身体不能保持平衡，而且也不可能很好地承接对方的拳脚的攻击。

动作说明：

身体自然站立，双脚并拢，两手掌垂于大腿外侧，全身放松；自然呼吸（图 3–1）；

两手从双腿侧面向上提起至胸部，双手同时由掌变拳，双臂稍微用力向后拉，将双拳拉至胸部的左右两侧，拳心向上，拳背向下（图 3–2）；

图 3–1

图 3–2

上动不停，两膝微屈，双脚以脚跟为轴，将双脚前脚掌向左右尽量最大幅度分开（图 3–3、图 3–4）；

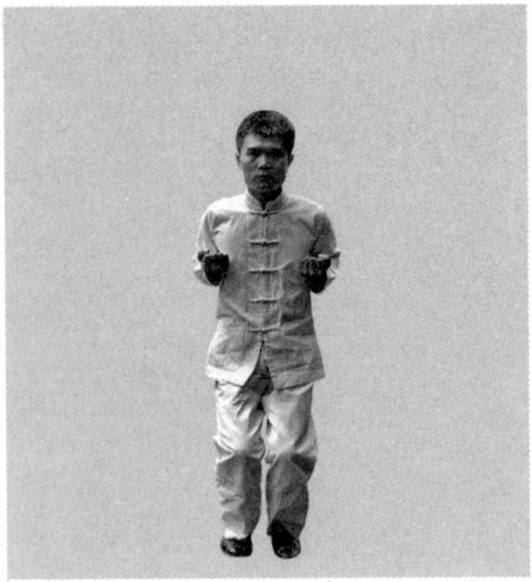

图 3–3

图 3–4

再以双脚前脚掌为轴将双脚后跟左右分开，使双脚尖形成一个 40°左右的夹角，双脚全脚掌贴着地面，双膝内扣，挺胸收腹，收起臀部，臀部不可向后突出；目视前方；呼吸自然（图 3–5、图 3–5 附图）。

图 3–5

图 3–5 附图

动作要领：

咏春拳二字马“马开步半”，即开马后两足尖分隔约一足半的长度。“二字”就是指坐马时两足尖与两足跟形成一中文之“二”字（图 3–6），意思是双足尖的距离比双足跟的距离略短，若过短便成“八”字（图 3–7），若等长便成“四”字（图 3–8），若过长便成“倒八”字了（图 3–9）。有些咏春拳建议双足要构成一等边三角形，那就是不折不扣的八字马！

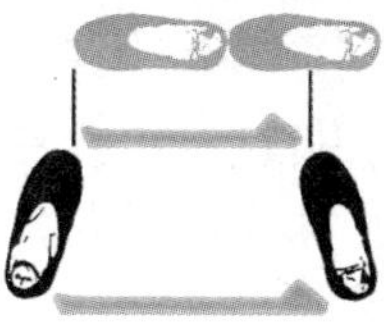

图 3–6

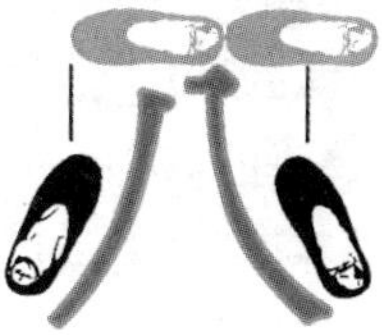

图 3–7

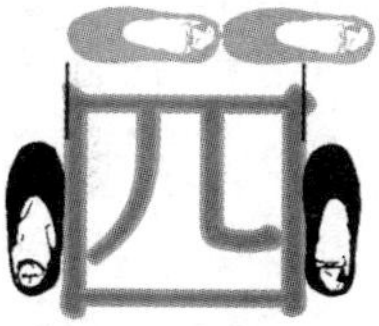

图 3–8

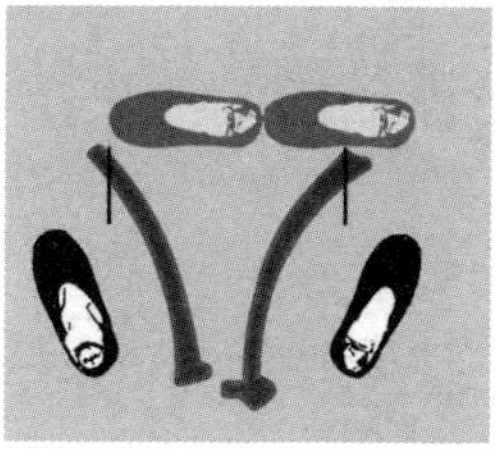

图 3–9

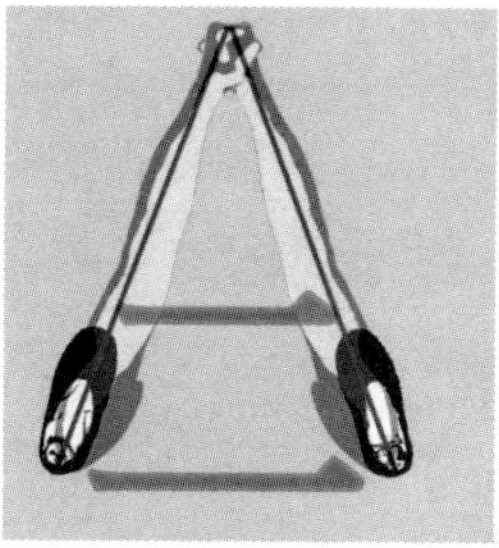

图 3–10

当双足构成一“二”字，双足向前延伸交会，便形成一等腰三角形（不是等边），三角腰长约如一手臂由膊至拳尖的长度（图 3–10）。从物理学上说，以此姿势出拳，足部便有最强的抓地力。这只限于正身二字马，正身子午马或侧身马却有不同，此点略为复杂，暂且不谈。

正确的钳羊马，当双足构成“二”字后，由足尖到足跟拉一直线，眼睛从后面看去，足尖、足跟、膝、髋关节汇成一直线，即四点置于同一平面上。从解剖学上说，这姿势能发挥腿部三重伸展肌的最大力量，亦不会对关节造成不正当的扭曲和压力。

从侧面看，正确的重心线应位于脚中心后3厘米左右，而体重则平均分配在重心线的前后。收臀提肛后，骶骨与股骨要拉成一直线，这就是“六合发力”“腰马合一”的一个要点和秘诀。这时双腿微微内钳以保持前说之四点于一平面再整体下坐，内钳之力切忌过大，否则便会变成五坏马之“挟马”。在此重申，千万不可练内钳之力以求将任何东西钳住，这只是笑话。再有一说以钳膝力防敌方扫脚而不易跌倒，此是笨方法，不练也罢。

站二字钳羊马必须端正、平衡，姿势正确，重心分布适当，松沉而稳，始能达到“力从地起”“腰马合一”“六合发力”的要求。

二、左右转马及侧身钳羊马的训练

左右转马的练习侧重于运用腰马力带动全身进行左右转动的训练。二字钳羊马是桩功静态时对身体各个关节肌肉调节成刚柔一体的训练，而转马则是桩功动态的活化训练。在转马中仍要保持与体会静桩中双膝钳夹力及内在松紧协调一致的连贯劲。另外，通过腰马力的转动训练，细心体会守中用中的中线技击原理。中线轴心被控制则周身不能转动，若肢体部位被控制还可运用以腰救马、以步救腰的方法，通过中线轴心的运动进行化解。如果中线轴心能灵活转动，不但能随势卸力，还可以通过力偶原理加大随势攻击的力度。

当对方用力向我中线攻击，我不能提前以转马去卸力，而应以桥手去接对方的攻击桥手。我方在桥手接触的过程中，已消掉对方一部分力量，剩下的力量则通过以我为轴心，对方推磨的方式自然而然地顺着我的腰、马而做圆周及向下传递运动以达到全部卸力的目的。想象一下推磨的动作过程，便会十分易于理解以上原理。石磨永远不会主动去转动，只有当人去推时，人用了多少力去推，石磨才做相应的转动。也就是说转马并非是主动的转动，而是相对积极的被动方为上乘。

动作说明：

从二字钳羊马开始，在保持二字钳羊马基本要领不变的情形下，运用腰马的力量带动身体向左转 90°，将重心移交右脚，如此叫做左转马。左转马后形成的一个新的桩马就叫做左侧身钳羊马（图 3–11）。

按照刚才的转动要点，从二字钳羊马开始，身体向右转，将重心移交左脚，如此叫做右转马。形成新的桩马就叫做右侧身钳羊马（图 3–12）。

图 3–11

图 3–12

动作要领：

在刚刚开始练习时注意转马动作的幅度不要太大，体会转动中周身一体的感觉，找到感觉后，再做完整的转马练习。转马过程中要保持收臀、提胯、双膝内钳的要领不变，这一点尤其重要。在转马时人要保持身体放松，松紧一体，切不可将肌肉绷紧。要保持运动中身体的节奏感。

侧身钳羊马的动作和左右转马不同之处，在于身体转马形成侧身钳羊马时保持住这个姿势不变，按照这个姿势站桩。

正身二字钳羊马时呼吸自然，五趾抓地，双膝稍内扣，胯肌略收紧，含胸拔背，气贯全身。转换成侧身马时，除了身体重心靠向后支撑腿以外，其他要领同正身二字钳羊马不变。站桩时想象双膝夹着一个气球，肩背靠着一棵参天大树，体会身体的紧松（刚柔）流动转换和这种松紧流动形成的本能内在协调运动能力。

三、进马、退马

进马、退马如鹤舞般是咏春拳步法训练的特点。此步法是双膝钳夹力与腰背力形成三角稳定的整体运动。即以腰马力提膝进步，以钳夹力带动后膝自然用步，退如拉弓，进如射箭，所以又称箭马步。如果说转马训练更多地是用于卸力防守，那么箭马步训练则是用于猛烈的攻击。咏春拳以腰膝梯形三角力带动全身的步法运动具备了整体流动的能力，这种整体流动的步法不但产生了控制距离感，夺取攻防矛盾转换中的有利形势，而且还能在卸力的同时，控制对方下盘，再通过加速度的跟步，加大发力的威力。即这种整体流动步法具备了流动调距、夺势发力的双重作用。如果没有上下联系，带动整体的腰胯膝组成三角稳定力，动步中则会出现身到步不到，或步到身不到的“冲身失形”的弊端。

动作说明：

从左侧身钳羊马开始，用腰胯力启动左脚向前轻贴地面标出 20 厘米左右的距离，然后右脚迅速上前跟进，使身体又恢复成左侧身钳羊马。如此叫做进马（图 3–13、图 3–14）。

图 3–13

图 3–14

从左侧身钳羊马开始，用腰胯力启动右脚轻贴地面后退 20 厘米左右的距离，然后左脚迅速后退同样的距离，使身体又恢复成左侧身钳羊马。如此叫做退马（图 3–15、图 3–16）。

图 3–15

图 3–16

动作要领：

保持双膝夹力的带动作用。一进一跟意念腰脊与双膝构成一个无形的三角形，带动整体运动。此法能保持正确稳固的身架并训练出流动的整体力。

五、日字冲拳

出拳时将拳头竖起，这时拳头似一个“日”字的构图。咏春拳讲求简单直接，以最直接的方法作出攻击，而两点之间又以直线最短最快，因此日字冲拳是一个直拳，沿直线打击对方。在小念头中，一开始就学日字冲拳，之后的一切变化都是由这个日字冲拳所产生，可见日字冲拳的重要性。

当然，咏春拳的手法何止一个直拳，还有很多不同方位的攻击手法，但这里笔者说咏春拳的本是日字冲拳，更重要的是想表达出咏春拳的中心思想，即中线理论，最简单、最直接莫过于中线的一拳，只要细心思考，就会明白咏春拳的变化确实是由这条直线变出来的，所以不应太过沉醉于手法的多少而本末倒置。

动作说明：

从二字钳羊马开始，先将左拳移至胸部中线，前臂稍内旋，使拳眼向上，拳头与胸口保持一个拳头位距离（图 3–17）；

图 3–17

迅速将左拳沿胸部中线向前直线冲出，手臂伸直与胸平，拳眼向上，手腕向上翘起，以无名指和小指的掌指关节为着力点（图 3–18、图 3–19）。

图 3–18

图 3–19

图 3-20—图 3-22 为左手日字冲拳的侧视图。

图 3-20

图 3-21

图 3-22

动作要领：

左手轻握拳，肘底发力，沿中线打出，左手完全打尽，拳臂打直为限。咏春拳有“发拳肘在中”的拳诀，故每一拳必须注意手肘总贴近中线，以肘部发力将拳直线推出。冲拳整个过程，手甚至全身处于放松状态。

六、摊　手

摊手是小念头中日字拳后的第一个手法，是咏春拳门人在实战对搏中使用率较高的防守手法，也是咏春拳中配合实用最多的手法。从一定意义上讲，摊手就是松手放手之意，而在咏春拳中所谓的摊手是指摊开对方攻击的拳脚。摊手是顺应对方的攻击而变的，所以在咏春拳中摊手属化被动为主动的手法。

另外，摊手的流动变化性很强，在原位置上可直接旋变成攻击动作日字冲拳，亦可稍作一定位置、角度的位移而变成膀手、耕手、伏手等防守手法，尚可配合其他攻防动作组成“消打同时”的高明打法。经典的摊手用法与变化乃是当对手攻入我前方区时，相应以摊手或由摊手变伏手进行消解（外摊内伏）。由于以上因素，摊手作为咏春门“三式拳”的重要组成之一就不足为奇了。

动作说明：

从二字钳羊马开始，左拳变掌，掌心向上，将左掌移至胸部中线，放松手腕，左掌与胸口保持一个拳头位距离（图 3–23）；

以肘底力将左手掌慢慢依胸部中线向体前伸出，伸

图 3–23

至肘部与胸口距离一个拳头位时停住，整个摊手完成。保持手与肩高，或与胸部平齐亦可，实际运用时可根据对方手部动作的高度来做调整。（图 3–24、图 3–25）。

图 3–24

图 3–25

图 3–26—图 3–28 为左摊手的侧视图。

图 3–26

图 3–27

图 3–28

动作要领：

摊手训练目的是提高肘部力量及手肘与身体的整体力。正确的摊手从侧面看，手臂成 V 字型，手掌是平的。

摊手时易范的错误动作有：（1）摊手时肘部外翻，没有沿身体子午线前行，导致肘部无法直接摊至中心。（2）摊手时桩马松散，手部过低，无法体验三角力点与沉肘之力。（3）摊手时肩架结构的变形使手法无法正确摊出，手部过于紧张用力，无法做到沉肘传递力量，使力量只能局限于手部表面，无法达到像水流一样绵绵不断，流过指尖。

七、膀　手

咏春门力主以柔克刚，以小胜大，尤其是使用膀手时，非常讲究卸力，最忌用蛮力来斗力。故膀手的最神明的使用方法乃是：起膀必旋臂（旋臂以消对方部分力并改变对方力的方向），膀上能消则消，消不了随力转。

膀手能攻能守，双膀同时于内门做快速的圆周翻滚时，可以轻易地防守住来自上路的如暴风骤雨般的各种无规律组合拳。攻击时变幻莫测，头、尾、中三节皆可作攻击武器，而且常常随势而变：按头起尾，按尾起头，按中间飘膀起，如此使敌人防不胜防。故膀手在“三式拳”中尤占重要位置。

动作说明：

从二字钳羊马开始，左拳变掌，放松手腕，左肘向前上方提起，带动左手臂以弧形抛出，掌心向外，抛出后，上臂与前臂微曲成 120°，左上臂抬起的高度与肩平，左手腕立在中线位置（图 3–29、图 3–30）。

图 3–29

图 3–30

图 3–31、图 3–32 为左膀手的侧视图。

图 3–31

图 3–32

动作要领：

动作过程中，整个左手臂处于旋转状态，用手臂的旋转触及对方的攻击肢体，化解对方的攻击力。再配合前臂向身体的中线膀出，这样就完全打乱了对方的攻击路线。巧妙地运用膀手，可以借助对方的攻击力来破坏他的身体平衡。

八、伏　手

摊手由外向内做 90°弧度圈手，即成伏手。伏手的特征是手掌屈伏在对手的前臂上面，而自己出伏手的手臂待在对方外门。亦即伏手多以相对伏手的姿态出现于搏击中，而极少出现交相伏手的情况，原因是相对伏手的双方手臂成一条直线，在这条直线上，伏手即可以发挥向下按、向左右跟随的独特功能，这在黐手训练中表现得更明显，而交相伏手则无法完成上述功能。

伏手稍作一定角度、弧度、位置的改变，即可灵活地变成标指手、问手、膀手等。

动作说明：

在摊手的基础上，左掌屈腕使五指向上、掌心向内朝着自己的身体，随即，左手以手腕为轴心，左掌做一内旋的内圈手，旋至左手五指斜向右下方，掌心向内（图 3–33、图 3–34）。

图 3–33

图 3–34

图 3–35、图 3–36 为左伏手的侧视图。

图 3–35

图 3–36

动作要领：

左手腕向上屈起的同时就内旋，不能先将手腕屈起再向内旋，将伏手分成两个节拍来完成。尤其是实战时对方的手法变化万千，如果无法瞬间做出伏手，则很难克制对方的攻击。

九、圈　手

一个真正的搏击高手，在实战中取胜于对手，不在于招式繁琐与花哨，而是用普普通通的动作，很随意地就能将对方的攻击化于无形。比如，圈手。圈手仅是一个手腕的旋转动作，非常简单。不仅能锻炼腕部肌肉的柔软与强韧度，还能轻松消解对方擒拿手法，并作反擒拿之妙用。

动作说明：

在摊手的基础上，左掌屈腕使五指向上、掌心向内朝着自己的身体。随即左手以手腕为轴心，以手腕带动左掌旋转一周后，再次将掌心向内朝着自己的身体（图 3–37—图 3–41）。

图 3–37

图 3–38

图 3–39

图 3–40

图 3–41

图 3–42

图 3–42—图 3–46 为左内圈手的侧视图。

图 3–43

图 3–44

图 3-45

图 3-46

练习者还要练习另一种圈手技术，用肩关节带动手臂完成圈手动作。

手腕向内旋转就叫做内圈手，手腕向外旋转的话就叫做外圈手。

动作要领：

圈手时前臂要积极地稍作旋转来配合手腕完成圈手动作。圈手能不能在实战中发挥应有的效果，在于平时的练习多寡。只要练习者多下工夫去摸索，就可以化腐朽为神奇。

十、抽撞拳

咏春拳的抽撞拳乍一看类似西洋拳击中的勾拳，但是二者有着很大的区别，这主要是由于各自所在的武术体系不同决定的，并无优劣之分。

因为在实战中，抽撞拳多是由膀手转变而成使用，咏春拳练习者很少主动用抽撞拳来攻击对方，这样胜算不大。这也是咏春拳的抽撞拳有别于其他派系同类拳法的原因。

动作说明：

由二字钳羊马开始，在手臂弯曲成 90°夹角的基础上，左拳沿胸部中线向前、向上直线冲出，拳所击打的位置与肩平，拳眼向左（图 3–47）。

图 3–48 为左抽撞拳的侧视图。

图 3–47

图 3–48

动作要领：

肘要弯曲成 90°，保持这个角度不变。大于或小于 90°，都会导致在拳头击打对方时无法最佳地使出腰马之力。肘要归于身体的中线，这样才便于实际运用中攻防技术的变化。

十一、耕拦手

耕拦手由耕手和拍手组成。耕手主要功能为阻截来自中路的攻击，拍手主要功能为拦截来自上路的攻击。在实战对搏中，耕手往往与拍手一起组合应用。耕拦手的交替互换和左右快速整体晃动，可防守住几乎所有的无规律的组合拳和来自中上路的各种技法的攻击。同时，耕拦手在攻防中，有着独到的“粘打”互换的生生不息的连续换打换守的特征，其具体表现为：双手上下组合防守时，一旦耕手触碰到对方主桥手即刻利用圈手粘住其桥手，同时拍手疾变成相应的攻击手攻击对方；反之，一旦拍手触碰到对方桥手即圈手粘其桥手，耕手变攻击手袭击对手。

动作说明：

在二字钳羊马的基础上，左右手同时由拳变掌进行动作，左手前臂经过胸部中线后向左下方格击，手臂停于左腰前方，掌指向下，掌心向内，形成左耕手；右手前臂则在同一时刻由胸部的高度从右向左做格击动作，形成右拍手，手臂停于左肩前方，掌指向上，掌心向内。如此形成的耕拦手动作，叫做左耕右拦手（图 3-49、

图 3-49

图 3–50）。按照同样的要领左右手交换，做右耕左拦手（图 3–51、图 3–52）。

图 3–50

图 3–51

图 3–52

图 3–53、图 3–54 为右耕左拦手的侧视图。

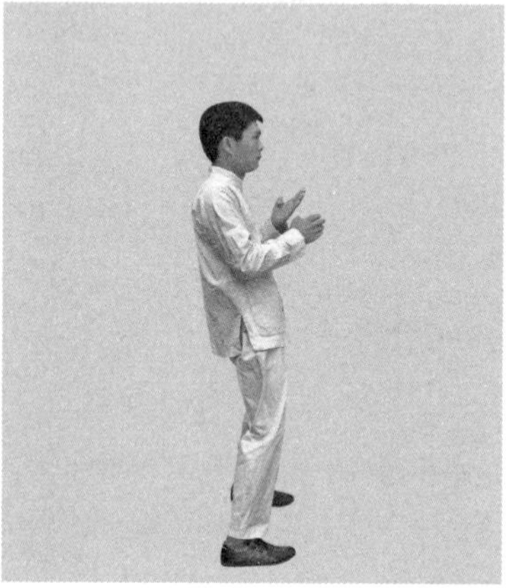

图 3–53

图 3–54

动作要领：

耕拦手的奥妙在于锻炼双手同时发力的协调配合的能力。在耕拦手的实际运用中，往往会配合转马一起使用（图 3–55），这是由于用耕拦手防守时，不是用蛮力硬接住对方的攻击力量，而是运用腰马的转动将力量卸掉，左右双手则由耕拦手的

图 3–55

防守动作迅速变化成相应的攻击动作去还击对手。

十二、正踢腿

在实战中利用人的先天本能去完成技击动作是一种高明的艺术。咏春拳的正踢腿便是立足这一理念，动作简单，抬腿便向前踢出，练习者不需要开胯拉韧带也可以将这一腿踢起来，在实战中使用起来也相当方便。

动作说明：

由二字钳羊马开始，左脚屈膝自然抬起，用腰胯之力推动左脚向前上方踢击，力点在脚掌（图 3–56、图 3–57）。

图 3–56

图 3–57

动作要领：

不要将腿抬得太高，将脚抬至腹部的高度是没有必要的，这样反而影响动作速度。只要将脚掌抬离地面就行，然后迅速踢出。由于不需要把腿抬得太高的缘故，起腿后踢击的方向应该是向前、向上的。

踢击的高度视目标而定，低可以踢击对方的膝盖，高可以踢对方的腹部。对于柔韧性不好的练习者来说，不要追求踢击的高度，这样在实战中不但无法踢中对方，反而容易使自己的身体失去平衡。

十三、侧撑腿

电影中李小龙的侧踢将人踹出数米远的威力确实让人叹为观止，但是这不是咏春拳中的侧撑腿，二者在实战运用和动作上有很大差别。

实战中咏春拳主张拳、脚、肘、膝并用，但是更注重手的攻击技巧。所以咏春拳的侧撑腿同国外自由搏击中的侧踢腿有很大差异，咏春拳的腿法注重速度和灵活性最大化，也就是在快的前提下追求踢击的力量。

侧撑腿同正踢腿在动作上并无多大差异，都是抬起大腿后踢出。只不过一个是在身体的正面起腿，一个是在身体的侧面起腿。

动作说明：

由二字钳羊马开始，左腿屈膝自然抬起，用腰胯之力推动左脚向左侧上方踢击，力点在脚掌（图 3-58、图 3-59）。

图 3–58

图 3–59

动作要领：

咏春拳腿法的力量来自腰胯，在脚快速踢出的时候，用腰胯向踢击的方向外撑来帮助踢击发力，但在发力时要保持身体的平衡。

踢腿时，要保持脚与目标成直线，也就是说脚从地上抬起时直接沿直线踢击目标。这与散打、跆拳道等搏击术的侧踢不同。

第二节　小念头

小念头是咏春拳最基础、最根本的套路，又可称为“小练头”，是咏春拳的入门套路。当一名初学者启蒙之日，师父会以告诫的语气对他说：“小念头不正，终身不正；习武如是，做人如是。”这道理其实很好理解，因为小念头中包含了咏春拳的各种基本动作，而日后千变万化的招式，都是在这些基本动作上变化、组合而成；若练习者连这套最基础的拳法都练不好，其日后技术之坏将不待言，而立身处世，若连一点小小念头都不向正途发展，那么，该咏春拳练习者的品格之差亦不难想象了！由此可知，“小念头”一词意带双关；创此名称的人用心良苦，堪作今日咏春拳门人在“武”与“德”方面立身处世之铭。

大多数武术的套路都有迅捷、飘逸漂亮的手法和步法组合。然而咏春拳却不同，咏春拳的套路一向没什么观赏性，其中尤以小念头为甚。小念头可以说根本没有步法或腿法，整套拳都是站在原地打的，不懂的人甚至会觉得这套拳看起来很滑稽。然而实际上，小念头几乎包含了咏春拳所有的进攻和防御手法，从最重要的日字冲拳、侧面攻击的拂手，以及摊手、膀手、拍手、耕手等所有的防御手法，乃至于锻炼手腕灵活度的圈手，在小念头中都会得到锻炼。只要长期练习小念头，你会发现自己不知不觉中已经熟练了咏春拳所有的手部动作。

此外，小念头也包含了咏春拳的许多重要实战原则，如正面朝形、守中用中、“不动肘”防御原则等。正因为小念头没有步法，全部都是正面朝前的动作，你就不得不习惯咏春拳的正面对敌形态；而小念头所有的动作都严格遵循中线原则、以肘部为轴心去运作，自然而然就有了咏春拳实战的基础功力。

小念头整个套路均在原地打完，目的是用来锻炼下盘功力；在练习整套小念头时要求全身放松，绝对不能全身绷紧地去打，要心平气和地去演练。事实上除了日字冲拳以外，其他动作最好都放慢去打，特别是“一摊三伏手”这个锻炼手腕灵活和卸力的动作，更要缓慢、松沉地去打，这样长期下来，自然就能练出咏春拳外松内紧、由外透内的功力了。

该套路按侧重点不同分为三节，不过其总体目标都是要获得正确的身架和角度。在整个套路中身体不动，只有手臂运动。很多动作都是由一只手臂完成的，另一只手臂保持预备姿势。

起势可以让我们了解如何找到正确的身架，如何确定中线以及如何进行中线出拳。

第一节以直臂动作为主，可以在肩部不动的情况下，让我们的手臂和腕部肌肉得到正确的锻炼。伏手和圈手也包含在第一节中。本节在练习时要缓慢而凝重，有的人把这种状态比作一种冥想状态。该节以拍手、护手和圈手结束，在圈手动作中，前臂肌肉拉伸，肩部旋转至最大限度。

在第二节中，我们可以学会各个方向上力的正确运用。每个动作过程中手臂应始终保持放松，直到能量最终得以释放，发出咏春拳独有的爆发力。在能量释放出之后，手臂应立刻返回放松状态，继续下一个动作。双手通常以相同动作向身体两侧打出。这样可以让身体两侧保持平衡，以免初学者做出多余的身体动作。本节练习时动作要轻快。

第三节以基本手形的练习为主，从拍手、横掌和圈手开始，接着由摊手转为耕手和横掌，由膀手转为摊手和底掌，最后是双手配合练习。本节在练习中应侧重正确的位置和能量的运用。套路以三连拳和圈手结束。

在练习小念头的过程中必须将全身放松，包括双肩、手腕、手肘，挺胸收腹，收起臀部（即要提肛），肩膀下垂（沉肩），两膝向内钳。练习小念头要注意沉肘的作用，这样会力气更大；做摊手时不用力，放松，则对手作用于你的摊手的力会贯入你的双腿，使你的马步更稳。做其他的膀手、耕手等等也不用力。要注意肘是用力点，也是力量的源泉，而你的意念是向着对手，向前！小念头在劲力上要求首先是“舍力”，具体练习时全身放松，出手轻灵、敏捷、自然，这样才能从“舍力”到“卸力”到“借力”一步步提高。

1. 预备势

身体自然站立，双脚并拢，双掌分别垂于左右大腿外侧，全身放松，自然呼吸；目视前方（图 3–60）。

2. 立正抱拳

两手从双腿侧面向上提起，同时双手由掌变拳，双臂稍微用力向后拉，将双拳拉至胸部的左右两侧，拳心向上，拳背向下；目视前方（图 3–61）。

图 3–60

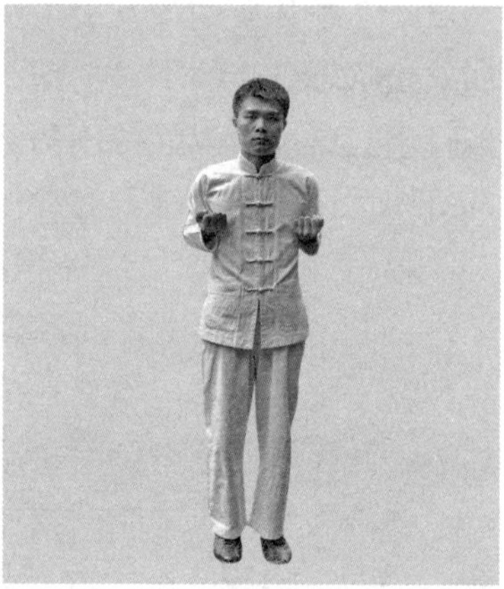

图 3–61

3. 正身二字钳羊马

上动不停，两膝微屈，双脚以脚跟为轴，将双脚前脚掌向左右尽量最大幅度分开（图 3–62、图 3–63）；

再以双脚前脚掌为轴将双脚后跟左右分开，使双脚尖形成一个 40°左右的夹角，双脚全脚掌贴着地面，双膝稍内扣，含胸收腹，收起臀部，使臀部不向后突出；目视前方（图 3–64）。

图 3–62

图 3–63

图 3–64

4. 交叉耕手

上动不停，双拳同时变掌在胸前交叉，左手在上，右手在下，双手手背向下，掌心向上（图 3–65）；

双手在保持重叠不变的情况下一起做下插动作，同时将双手内旋，使双手的手掌背向外朝着身体前方，掌心向内朝着自己的身体，左手在外，右手在内；目视前方（图 3–66）。

图 3–65

图 3–66

5. 交叉摊手

上动不停，双手上臂不动，同时屈肘将两前臂提起，并保持交叉之势不变，左手在上，右手在下，双手同时外旋，使掌背斜向下，而掌心斜向上；目视前方（图 3–67）。

图 3–67

6. 收　拳

上动不停，双手由掌变拳，一起收回胸侧，两臂微用力向后拉，拳心向上，拳背向下；目视前方（图 3–68）。

图 3–68

7. 左日字冲拳

上动不停，以肘底力将左拳沿胸部中线向前直线冲出，手臂伸直与肩平，拳眼向上（图 3–69、图 3–70）。

图 3–69

图 3–70

8. 左圈手收拳

上动不停，左手成掌，外翻成摊手，掌心向上，手指向前（图 3–71）；

左掌屈腕使五指向上，以手腕为轴心，左掌做一内圈手，当圈至手指向下时，左手握拳收回于身体左侧，高与胸平；目视前方（图 3–72—图 3–75）。

图 3–71

图 3-72

图 3-73

图 3-74

图 3-75

9. 右日字冲拳

上动不停，以肘底力将右拳沿胸部中线向前直线冲出，手臂伸直与肩平，拳眼向上（图 3–76、图 3–77）。

图 3–76

图 3–77

10. 右圈手收拳

上动不停，右手成掌，外翻成摊手，手指向前（图 3–77）；

右掌屈腕使五指向上，以手腕为轴心，右掌做一内圈手，当圈至手指向下时，右手握拳收回于身体右侧，高与胸平；目视前方（图 3–78—图 3–82）。

图 3–78

图 3–79

图 3–80

图 3–81

图 3–82

11. 左摊手

上动不停，将左拳变掌移至胸部中线位置，掌心向上，以肘底力将左手掌慢慢依胸部中线向体前伸出，伸至肘部与胸口距离一个拳头位时稍停（图 3–83、图 3–84）；

图 3–83

图 3–84

左手以手腕为轴心做一内圈手后变成护手，手指向上，掌心向右（图 3–85—图 3–88）；

将左护手以肘底力慢慢回收于胸前，护手与胸口须保持一个拳头位距离；目视前方（图 3–89）。

图 3–85

图 3–86

图 3–87

图 3–88

图 3–89

12. 左三伏手

上动不停，左手腕放松内屈，变护手成伏手，手背向上，掌指向右下（图 3–90）；

图 3–90

以肘底力将左手慢慢依中线向前推出，至肘部与胸口距离一个拳头位时稍停（图 3–91）；

左手以手腕为轴心做一内圈手后变成护手，手指向上，掌心向右（图 3–92—图 3–94）；

图 3–91

图 3–92

图 3–93

图 3–94

将左护手以肘底力慢慢回收于胸前，护手与胸口须保持一个拳头位距离；目视前方（图 3–95）。

如此重复上述动作，共做 3 次。

图 3–95

13. 左拍手

上动不停，将胸前左护手横推向右与肩齐，手指向上，掌心向右（图 3–96）；

再将左手收回胸前成护手，手指向上，掌心向右；目视前方（图 3–97）。

图 3–96

14. 左印掌

上动不停，左掌依中线向前推出，手掌与头同高，手指向上，掌心向前；目视前方（图 3–98）。

图 3–97

图 3–98

15. 左圈手收拳

动作同“8”。略。

16. 右摊手

上动不停，右拳变掌移至胸部中线位置，掌心向上，以肘底力将右手掌慢慢依胸部中线向体前伸出，伸至肘部与胸口距离一个拳头位时稍停（图 3–99、图 3–100）；

右手以手腕为轴心做一内圈手后变成护手，手指向上，掌心向左（图 3–101—图 3–104）；

图 3–99

图 3–100

图 3–101

图 3-102

图 3-103

图 3-104

图 3-105

将右护手以肘底力慢慢回收于胸前，护手与胸口须保持一个拳头位距离；目视前方（图 3-105）。

17. 右三伏手

上动不停，右手腕放松内屈，变护手成伏手，手背向上，掌指向左下（图 3–106）；

右手以肘底力慢慢依中线向前推出，至肘部与胸口距离一个拳头位时稍停（图 3–107）；

右手以手腕为轴心做一内圈手后变成护手，手指向上，掌心向左（图 3–108—图 3–110）；

图 3–106

图 3–107

图 3–108

图 3–109

图 3–110

将右护手以肘底力慢慢回收于胸前，护手与胸口须保持一个拳头位距离；目视前方（图 3–111）。

如此重复上述动作，共做 3 次。

图 3–111

18. 右拍手

上动不停，将胸前右护手横推向左与肩齐，手指向上，掌心向左（图 3–112）；

再将右手收回胸前成护手，手指向上，掌心向左；目视前方（图 3–113）。

19. 右印掌

上动不停，右掌依中线向前推出，手掌与头同高，手指向上，掌心向前；目视前方（图 3–114）。

图 3–112

图 3–113

图 3–114

20. 右圈手收拳

动作同“10”。略。

21. 左襟手

上动不停，左拳变掌沿身侧下按，掌心向下，手指向左；目视前方（图 3–115、图 3–116）。

图 3–115

图 3–116

22. 右襟手

上动不停，右拳变掌沿身侧下按，掌心向下，手指向右；目视前方（图 3–117、图 3–118）。

图 3–117

图 3–118

23. 后双襟手

上动不停，将双手提起至腰后，掌背贴住后腰，手指向下（图 3–119）；

图 3–119

双掌往后下方撑打，掌心斜向地面，手指斜向自己的双腿方向；目视前方（图 3–120）。

图 3–120

24. 前双襟手

上动不停，将双手提起至身前腹部，掌心斜向下，手指斜向上（图 3–121）；

双掌往前斜向下方撑打，掌心斜向下，手指斜向上；目视前方（图 3–122）。

图 3–121

图 3–122

25. 双拦手

上动不停，双掌向上回收至与肩平，使上臂和前臂屈曲成90°角，左手在上，右手在下，掌心向下，左掌在右肘上，右掌置于左肘下；目视前方（图 3–123）。

图 3–123

26. 双拂手

上动不停，双掌向左右同时分开打横，分开后两臂约与身体成一直线，高与肩平，掌心向地（图 3–124）。

27. 双拦手

上动不停，双掌随即向内回收成双拦手，右掌置于左肘上，左掌停于右肘下，掌心向下；目视前方（图 3–125）。

图 3–124

图 3–125

28. 双扰手

上动不停，双掌由上往下切，掌心互对，双手置于胸部中线位置；目视前方（图 3–126）。

29. 双摊手

上动不停，双手掌同时外翻成摊手，双手间隔一拳宽的距离，高与肩平，掌心向上，十指向前；目视前方（图 3–127）。

图 3–126

图 3–127

30. 双窒手

上动不停，双掌向内翻，掌背向上，十指向前。翻掌时用肘底力将双手微向后收，手肘与胸部须保持一个拳头位距离，双肘向中线靠拢；目视前方（图 3–128）。

图 3–128

31. 双标指

上动不停，双掌向前标出直插喉部，掌心向下，十指向前；目视前方（图 3–129）。

图 3–129

32. 双襟手

上动不停，双掌向下按，与腹部齐，掌心斜向下，十指向前；目视前方（图 3–130）。

33. 正身双顶手

上动不停，双手屈腕以手腕背向上顶，高及喉部，掌心向内，十指向下；目视前方（图 3–131）。

图 3–130

图 3–131

34. 双手收拳

上动不停，双掌变拳随即收回胸侧，拳心向上；目视前方（图 3–132、图 3–133）。

图 3–132

图 3–133

35. 左拍手

上动不停，左拳变掌横推向右与肩齐，掌心向右，手指向上（图 3–134）；

再将左手收回胸前，手指向上，掌心向右；目视前方（图 3–135）。

图 3–134

图 3-135

图 3-136

36. 左横掌

上动不停，左掌向前方直线撑出，高及喉部，掌指向左，掌心斜向前；目视前方（图 3-136）。

37. 左圈手收拳

动作同“8”。略。

38. 右拍手

上动不停，右拳变掌横推向左与肩齐，掌心向左，手指向上（图 3-137）；

图 3-137

再将右手收回胸前，手指向上，掌心向左；目视前方（图 3–138）。

图 3–138

图 3–139

39. 右横掌

上动不停，右掌向前方直线撑出，高及喉部，掌指向右，掌心斜向前；目视前方（图 3–139）。

40. 右圈手收拳

动作同“10”。略。

41. 左摊手

上动不停，左拳变掌，掌心向上，将左掌移至胸部中线，放松手腕，左掌与胸口保持一个拳头位距离（图 3–140）；

以肘底力将左掌慢慢依胸部中线向体前伸出，伸至肘部与胸口距离一个拳头位时稍停；目视前方（图 3–141）。

图 3–140

图 3–141

42. 左耕手

上动不停，左掌以斜线往左下方下格成左耕手，手背向前，手指向下；目视前方（图 3–142）。

图 3–142

43. 左摊手

再将左掌由内而外向上转成摊手，掌心向上，取中线；目视前方（图 3–143）。

44. 左圈手

上动不停，左掌屈腕使五指向上，掌心向内朝着自己的身体（图 3–144）；

图 3–143

图 3–144

左手以手腕为轴心，左掌做一内旋 270°的内圈手，左手五指向左，掌心斜向前；目视前方（图 3–145、图 3–146）。

图 3–145

图 3–146

45. 左横掌

上动不停，左掌向体前直线撑打，高及腰部，掌指向左，掌心斜向前；目视前方（图 3–147）。

图 3–147

46. 左圈手收拳

动作同“8”。略。

47. 右摊手

上动不停，右拳变掌，掌心向上，将右掌移至胸部中线，放松手腕，右掌与胸口保持一个拳头位距离（图 3–148）；

以肘底力将右手掌慢慢依胸部中线向体前伸出，伸至肘部与胸口距离一个拳头位时稍停；目视前方（图 3–149）。

图 3–148

图 3–149

48. 右耕手

上动不停，右掌以斜线往右下方下格成右耕手，手背向前，手指向下；目视前方（图 3–150）。

图 3–150

图 3–151

49. 右摊手

再将右掌由内而外向上转成摊手，掌心向上，取中线；目视前方（图 3–151）。

50. 右圈手

上动不停，右掌屈腕使五指向上，掌心向内朝着自己的身体（图 3–152）；

图 3–152

右手以手腕为轴心，右掌做一内旋 270°的内圈手，右手五指向右伸展，掌心斜向前；目视前方（图 3–153、图 3–154）。

图 3–153

51. 右横掌

上动不停，右掌向体前直线撑打，高及腰部，掌指向右，掌心斜向前；目视前方（图 3–155）。

图 3–154

图 3–155

52. 右圈手收拳

动作同“10”。略。

53. 左膀手

上动不停，左拳变掌，放松手腕，左肘向前上提以弧形向胸前中线抛出，掌心向外，抛出后，上臂与前臂微屈成 120°角，左手腕在中线位。目视前方（图 3–156）。

图 3–156

54. 左摊手

上动不停，左肘向内回卷，手臂外翻成摊手，掌心向上，放松手腕，取中线；目视前方（图 3–157）。

55. 左底掌

上动不停，左掌向外屈腕，掌心向外，掌指向下，再将左臂向前往上托出，高及喉部；目视前方（图 3–158）。

图 3–157

图 3–158

56. 左圈手收拳

动作同“8”。略。

57. 右膀手

上动不停，右拳变掌，放松手腕，右肘向前上提以弧形抛出，掌心向外，手指向下。抛出后，上臂与前臂微屈成 120°角，右手腕在中线位；目视前方（图 3–159）。

58. 右摊手

上动不停，右肘向内回卷，手臂外翻成摊手，掌心向上，放松手腕，取中线；目视前方（图 3–160）。

图 3–159

图 3–160

59. 右底掌

上动不停，右掌向外屈腕，掌心向外，掌指向下，再将右臂向前往上托出，高及喉部；目视前方（图 3–161）。

图 3–161

图 3–162

60. 右圈手收拳

动作同“10”。略。

61. 三脱手

上动不停，左拳变掌向腰部正前方位置下格成耕手，手背向前，手指斜向右下方。同时将右拳变掌，掌心向上，手指斜向左，轻贴于左肘上（图 3–162）；

右掌反转成掌背向上并迅速沿左前臂往下削，右掌下削至左手腕时，左掌随即反转成掌心向上，然后将左臂往后收，再将左掌轻贴于右肘上，手指斜向右（图 3–163、图 3–164）；

图 3–163

图 3–164

再将左掌反转成掌背向上并迅速沿右前臂往下削，左掌下削至右手腕时，右掌随即反转成掌心向上，然后将右臂往后收，再将右掌轻贴于左肘上，手指斜向左（图 3–165）；

图 3–165

右掌再次反转成掌背向上且沿左前臂往下削，右掌下削至左手腕时，左掌随即反转成掌心向上，然后将左臂往后收，再将左掌轻贴于右肘上；目视前方（图 3–166）。

图 3–166

上述乃一连串动作，中间不要停顿。

62. 连环日字冲拳

上动不停，左掌变拳沿胸前中线向前冲出，拳眼向上，右掌同时变拳回收于胸前中线，靠近左肘关节上方位置，拳眼向上（图 3–167）；

右拳沿左前臂桥面向前直线冲出，拳眼向上，左拳亦同时回收于胸前中线，靠右肘关节上方位置，拳眼向上（图 3–168）；

图 3–167

图 3–168

左拳沿右前臂桥面向前直线冲出，拳眼向上，右拳亦同时回收于右胸侧；目视前方（图 3–169）。

图 3–169

图 3–170

上述乃一连串动作，中间不要停顿。

63. 左圈手收拳

动作同“8”。略。

64. 收　势

双脚合拢，立正收势，目视前方（图 3–170）。

第三节　寻　桥

寻桥是咏春拳的第二套拳法。小念头的动作为单个概念，寻桥的动作为组合概念。咏春拳将大部分经常用到的手法放于小念头中，让练习者熟练这些动作。到寻桥便将小念头所练过的单个动作抽出作有机的组合，便于在实战中配合使用。例如在寻桥中有一边膀手，另一边护手，亦有一边窒手而另一边底掌的动作等。寻桥主要是通过将小念头中的动作组合成简单直接实效的攻防技术，好比我们将一个个汉字组合起来写成一句话一样，而其结构、章法、层次因个人而异。

在练习第一套拳法小念头时，练习者脚部没有任何的移动。在练习寻桥这套拳法时，要求练习者利用自己身体的重心点来移动身体，同时基本上运用小念头的招式去产生一种很难阻挡的双向力量。寻桥主要练习高效能的防御方法与极为巧妙的反击方法。这拳法是否能够发挥其效果，便要依赖小念头的精通程度。“小念头”是朝形打定靶，而“寻桥”是追形打活靶。如从两点间画条直线，则“寻桥”就是要找这条最短路线。“寻桥”是把敌我双方间的对抗形态当作一个对立统一的整体，去寻求自身的拳脚在互动的攻防格斗中快速打入取胜的捷径路线。

“寻桥”中的“寻”就是“寻找”，“桥”就是“桥手”。从前练武者大都称前臂部分为桥手。单从字面解释的话，就是“寻找桥手”的意思。通俗地说法，是指寻找与对方桥手接触的方法。很多人误以为寻桥的意思是找寻对手的桥手，但实际上咏春拳强调追形不追手，怎会无缘无故地去找寻人家的手？这里所谓的“寻找”，也就是在实战中设法在敌方攻到自己前去拦截或破坏掉对方的攻击动作，如果己方不能在对方攻到自己前寻找到对方的破绽的话，则绝无法及时做出有效的防御及反击动作。当你能轻易拦截及破坏掉对方的攻击，以及自身防护技术娴熟而将自身保护得如“铜墙铁壁”一般的话，那么在格斗中还有何惧?

通过上面的解释，我们可以得知，寻桥是咏春拳中追形及截击敌人的拳法，寻桥对桩马的要求是虚实分明、三尖相对，在真正搏击时不能盲目进攻，也不能只攻不守，在进行打斗时，双方的距离都会不停移动及变化，我们便要掌握好自己及对手的角度、时间和攻防时机的机动性。在实战中，如遇敌正面而来或走马偏门，甚至假身影手，我们都可以用寻桥的手法及脚法首尾相应，以最短的路线和速度消打敌人的进攻。所谓“人过我桥三分险，转马偏身把形朝，遇敌寻桥需落马，转身灵活标马快，桥入三关任我打”，这便是咏春拳寻桥的特点。

练习者通过第一个套路“小念头”学会了手部动作、了解了基本身架之后，我们可以通过咏春拳第二个套路“寻桥”来学习如何在保持前述技术的同时，围绕对手来移动自己的身体。为了便于理解，该套路也可以分为三节，不过每一节的目的都是统一的，并无显著差别。

通常说来，在第一节中，我们可以学会转身、调整距离和拉手。膀手用于从外侧黏住对方。本节中还会介绍从膀手向拍手的变化，该动作用于侧面的防护。拍手位置不宜过高，以免被对方抓住空当实施反击。

第二节从90°转马开始，包含腿法的练习。侧步用于接近或远离对方，中线与移动方向成90°夹角。膀手用于摆脱或黏住对方。在本节中膀手也可以用于内门。抽拳可以作为上击拳或锤拳使用。

在第三节中我们会学到直撑腿，向各个方向的进步、退步、十字步和斜撑腿。本节中还包含一些近身控制方法，比如低膀手转摊手，身架的推进以及耕手对低位拳腿的防守。寻桥的整体目标就是接近对手，与对方桥手相接，然后通过运用正确的摆位和角度，穿过其桥手对中线实施攻击。

1. 预备势

身体自然站立，双脚并拢，两掌垂于大腿外侧，全身放松，自然呼吸；目视前方（图 3–171）。

2. 立正抱拳

两手从双腿侧面向上提起，双手同时由掌变拳，双臂稍微用力向后拉，将双拳拉至胸部的左右两侧，拳心向上，拳背向下；目视前方（图 3–172）。

图 3–171

图 3–172

3. 正身二字钳羊马

上动不停，两膝微屈，双脚以脚跟为轴，将双脚前脚掌向左右尽量最大幅度分开（图 3–173、图 3–174）；

再以双脚前脚掌为轴将双脚后跟左右分开，使双脚尖形成一个 40°左右的夹角，双脚全脚掌贴着地面，双膝内扣，含胸收腹，收起臀部，臀部不可向后突出；目视前方（图 3–175）。

图 3–173

图 3–174

图 3–175

4. 交叉耕手

上动不停，双拳同时变掌在胸前交叉，左手在上，右手在下，双手手背向下，掌心向上（图 3–176）；

图 3–176

双手在保持重叠不变的情况下一起向下做下插动作，同时双手内旋，使双手的手掌背向外朝着身体前方，掌心向内朝着自己的身体，左手在外，右手在内；目视前方（图 3–177）。

5. 交叉摊手

上动不停，双手上臂不动，同时屈肘将两前臂提起，并保持交叉之势不变，左手在上，右手在下，双手同时外旋，使其掌背斜向下，而掌心斜向上；目视前方（图 3–178）。

图 3–177

图 3–178

6. 收　拳

上动不停，双手由掌变拳，一起收回胸侧，两臂微用力向后拉，拳心向上，拳背向下；目视前方（图 3-179）。

图 3-179

7. 左日字冲拳

上动不停，以肘底力将左拳沿胸部中线向前直线冲出，手臂伸直与肩平，拳眼向上（图 3-180、图 3-181）。

图 3-180

图 3-181

8. 左圈手收拳

上动不停，左手成掌，外翻成摊手，掌心向上，手指向前（图 3–182）；

左掌屈腕使五指向上，以手腕为轴心，左掌作一内圈手，当圈至手指向下时，左手握拳收回至身体左侧，高与胸平；目视前方（图 3–183—图 3–186）。

图 3–182

图 3–183

图 3–184

图 3-185

图 3-186

9. 右日字冲拳

上动不停，以肘底力将右拳沿胸部中线向前直线冲出，手臂伸直与肩平，拳眼向上（图 3-187、图 3-188）；

图 3-187

图 3-188

10. 右圈手收拳

上动不停，右手成掌，外翻成摊手，手指向前（图 3-189）；

右掌屈腕使五指向上，以手腕为轴心，右掌做一内圈手，当圈至手指向下时，右手握拳收回至身体右侧，高与胸平；目视前方（图 3-190 —图3-193）。

图 3-189

图 3-190

图 3-191

图 3–192

图 3–193

11. 正身穿桥

上动不停，双拳变掌同时向胸前伸出，掌心互对，双掌间距约一个拳头的宽度（图 3–194）；

迅速将双掌向前直线标出，掌心互对，指尖向前，高及头部；目视前方（图 3–195）。

图 3–194

图 3–195

12. 双拦手

上动不停，双掌同时向内回收，使上臂和前臂屈曲成90°角，左手在上，右手在下，掌心向下，左掌在右肘上，右掌置于左肘下，身体向左转成左侧身钳羊马，双臂不动（图3-196、图3-197）；

再将身体向右转成右侧身钳羊马，双臂依然保持双拦手姿势不变（图3-198）；

图 3-196

图 3-197

图 3-198

最后将身体转回左方成左侧身钳羊马，双臂依然保持双拦手姿势不变；目视前方（图 3-199）。

图 3-199

13. 双伏手、三拍手

上动不停，两手向左右分开约一拳宽的距离，掌心向下，双肘距胸前一拳的距离，肘尖朝下（图 3-200）；

用右掌由外而内轻拍击左肘关节内侧，手指斜向前；同时将左手反转成摊手，掌心向上，手指向前，左肘关节微微往上托（图 3-201）；

图 3-200

图 3-201

再用左掌由外而内拍击右肘关节处，右掌则同时向外翻并向前伸展成摊手，掌心向上，手指向前，右肘微微往上托（图 3–202）；

最后再次用右掌由外而内轻拍击左肘关节内侧，手指斜向前，同时将左掌向外翻并向前伸展成摊手，掌心向上，手指向前，左肘微微往上托；目视前方（图 3–203）。

图 3–202

图 3–203

三式拍手是一连串的连贯动作，中间不要停顿。

14. 正掌三式

上动不停，右掌沿左手前臂桥面中线打出，掌心向前，掌指向上，左手随即收回成左护手靠于右肘内侧位置（图

3–204）；

再将左掌沿右手桥面中线打出，右手随即收回成右护手靠于左肘内侧位置（图 3–205）；

最后重复将右掌沿左手桥面中线打出而左掌则变拳收回左胸侧；目视前方（图 3–206）。

三式正掌乃连贯动作，中间不要停顿。

图 3–204

图 3–205

图 3–206

15. 转马右拦手

上动不停，右掌向内回收，使上臂和前臂屈曲成 90°角横置于胸前，掌心向下，如此保持右臂不动；同时将身体向右转成右侧身钳羊马，面向右前方；目视右前方（图 3–207）。

图 3-207

图 3-208

16. 上交叉摊手

上动不停，右掌向外翻成斜摊手势置于胸前，掌心斜向内；同时将左掌摊出置于右前臂上成交叉之势，掌心斜向自己身体；目视右前方（图 3-208）。

17. 转马侧身右膀手

上动不停，将身体左转成左侧身钳羊马，同时将右手肘部向上提起外翻抛出成高膀手，上臂与肩平，手腕放松，掌心向外，手指向下方，右上臂与上身保持约 90°之势；左手同时变成护手靠于右肘位置；目视正前方（图 3-209）。

图 3-209

18. 转马右拦手

上动不停，将身体向右转成右侧身钳羊马，面向前方，同时右膀手顺势往右方一横，使右肘关节成 90°角变成右拦手横置于胸前，而左手则变拳回收于左胸侧；目视右前方（图 3–210）。

重复 16~18 动，共做 3 次。

19. 右拦手冲拳

上动不停，将左拳移至胸部中线，拳眼朝上，拳头与胸口保持一个拳头位距离，以肘底力向前催动左拳沿右拦手的前臂桥面直线冲出；右手随即变拳收回右胸侧；目视右前方（图 3–211）。

图 3–210

图 3–211

20. 正身左问手

上动不停，将身体向左转成正身二字钳羊马，同时将左手直臂往身体的左侧方向分开，掌心向下，分开后左臂与身体成一直线；目视正前方（图 3–212）。

图 3–212

21. 正身左伏手

上动不停，将左臂肘关节弯曲下垂，用肘底力将左肘拉回至身体的胸前中线，放松手腕，掌心斜向下，手指伸直向前；目视前方（图 3–213）。

22. 右脱手标指

上动不停，将右拳变掌放在左手肘关节上，掌心向上（图 3–214）；

图 3–213

图 3–214

随即右掌迅速沿左手桥面向前直冲出标指手，掌心向左，高及喉部，左手随即变拳收回左胸侧（图 3–215）。

图 3–215

23. 右圈手收拳

动作同“10”。略。

24. 正身穿桥

上动不停，双拳变掌同时向胸前伸出，掌心互对，双掌间距约一个拳头的宽度（图 3–216）；

迅速将双掌向前直线标出，掌心互对，指尖向前，高及头部；目视前方（图 3–217）。

图 3–216

图 3–217

25. 双拦手

上动不停，双掌同时向内回收，使上臂和前臂屈曲成90°角，右手在上，左手在下，掌心向下。右掌在左肘上，左掌置于右肘下，身体微向右转成右侧身钳羊马，面向前方，双臂不动（图3–218、图3–219）；

图3–218

再将身体向左转成左侧身钳羊马，面向前方，双臂依然保持双拦手姿势不变（图3–220）；

图3–219

图3–220

最后将身体右转成右侧身钳羊马，双臂依然保持双拦手姿势不变；目视前方（图 3–221）。

图 3–221

26. 双伏手、三拍手

上动不停，两手向左右分开约一拳宽的距离，掌心向下，双肘距胸前一拳的距离，肘尖朝下（图 3–222）；

用左掌由外而内轻拍击右肘关节内侧，手指斜向前；同时将右手反转成摊手，掌心向上，手指向前，右肘关节微微往上托（图 3–223）；

图 3–222

图 3–223

再用右掌由外而内拍击左肘关节处，左掌则同时向外翻并向前伸展成摊手，掌心向上，手指向前，左肘微微往上托

(图3–224);

最后再次用左掌由外而内轻拍击右肘关节内侧，手指斜向前；同时将右掌向外翻并向前伸展成摊手，掌心向上，手指向前，右肘微微往上托；目视前方(图 3–225)。

三式拍手是一连串的连贯动作，中间不要停顿。

图 3–224

27. 正掌三式

上动不停，左掌沿右手前臂桥面中线打出，掌心向前，掌指向上，右手随即收回成右护手靠于左肘内侧位置（图 3–226）;

图 3–225

图 3–226

再将右掌沿左手桥面中线打出，左手随即收回成左护手靠于右肘内侧位置（图 3–227）；

最后重复将左掌沿右手桥面中线打出而右掌则变拳收回至右胸侧；目视前方（图 3–228）。

三式正掌乃连贯动作，中间不要停顿。

图 3–227

图 3–228

28. 转马左拦手

上动不停，左掌向内回收，使上臂和前臂屈曲成 90°角横置于胸前，掌心向下，如此保持左臂不动，同时将身体向左转成左侧身钳羊马；目视左前方（图 3–229）。

图 3–229

29. 上交叉摊手

上动不停，左掌向外翻成斜摊手势置于胸前，掌心斜向内，同时将右掌摊出置于左前臂上成交叉之势，掌心斜向自己身体；目视左前方（图 3-230）。

30. 转马侧身左膀手

上动不停，将身体右转成右侧身钳羊马，同时将左手肘部向上提起外翻抛出成高膀手，上臂与肩平，手腕放松，掌心向外，手指向下方，左上臂与上身保持约 90°之势，右手同时变成护手靠于左肘位置；目视正前方（图 3-231）。

图 3-230

图 3-231

31. 转马左拦手

上动不停，将身体向左转成左侧身钳羊马，面向左，同时左膀手顺势往右一横，使左肘关节成 90°角变成左拦手横置于胸前，而右手则变拳回收于右胸侧；目视前方（图 3–232）。

重复 29~31 动，共做 3 次。

32. 左拦手冲拳

上动不停，将右拳移至胸部中线，拳眼朝上，拳头与胸口保持一个拳头位距离，以肘底力向前催动右拳沿左拦手的前臂桥面直线冲出，左手随即变拳收回左胸侧；目视前方（图 2–233）。

图 3–232

图 3–233

33. 正身右问手

上动不停，将身体微向右转成正身二字钳羊马，同时将右手直臂往身体的右侧方向分开，掌心向下，分开后右臂与身体成一直线；目视前方（图 2–234）。

图 3-234

图 3-235

34. 正身右伏手

上动不停，将右臂肘关节弯曲下垂，用肘底力将右肘拉回至身体的胸前中线，放松手腕，掌心斜向下，手指伸直向前；目视前方（图 2-235）。

图 3-236

35. 左脱手标指

上动不停，将左拳变掌放在右手肘关节上，掌心向上（图 2-236）；

图 3–237

随即左掌迅速沿右手桥面向前直冲出标指手，掌心向右，高及喉部，右手随即变拳收回右胸侧（图 2–237）。

36. 左圈手收拳

动作同“8”。略。

37. 正身左拦手

上动不停，将左拳变掌向右拍打（图 3–238）；

当拍打至右肩位置时，将左掌握拳横置于胸前，肘关节弯曲成 90°角，抬起与肩平，拳心向下；目视前方（图 3–239）。

图 3–238

图 3–329

38. 转身左拦手直撑腿

上动不停，在保持左臂动作不变的前提下，身体微向左转成左侧身钳羊马，面向左方；同时左脚抬起向侧直线踢出，高及腹部，脚趾向上。撑腿时双臂不动，上身不可摇晃不定，当左腿撑尽时不可回收；目视左方（图 3–240）。

图 3–240

图 3–241

39. 侧身迫步膀手三式

上动不停，左脚向左前方落下，左脚落地时将右脚拖前一步；同时将右手肘部向上提起外翻抛出成高膀手，上臂与肩平，手腕放松，掌心向外，手指向下方，右上臂与上身保持约 90°之势，左手同时变成护手靠于左肘位置；目视正前方（图 3–241）；

继续将右掌向外翻成斜摊手势置于胸前，掌心斜向内，同时将左掌摊出置于右手腕上成交叉之势，掌心斜向自己身体（图 3–242）；

图 3–242

再将左脚向左前方前进一步，而右脚亦拖前一步；同时再将右肘抛出成高膀手，左手则变护手靠于右肘位置；面朝正前方。见图 3–241；

继续将双掌向外翻成交叉摊手置于胸前，右掌在外，左掌在内，掌心斜向内，见图 3–242；

再次将左脚向左前方踏上一步，而右脚亦拖前一步；同时将右肘抛出成高膀手，左手则变护手靠于右肘位置；目视正前方。见图 3–241。

40. 侧身右抽拳

上动不停，身体保持右侧身钳羊马不变，右手变掌为拳，以半弧形由下而上击打向身体胸前中线，高及喉部，拳眼向外，而左手随即变拳收回左胸侧；目视左前方（图 3–243）。

41. 正身右伏手

上动不停，将身体向右转成正身二字钳羊马；同时右手由拳变掌，前臂内旋至掌心斜向下，掌指向前，放松手腕；目视前方（图 3–244）。

图 3–243

图 3–244

42. 左脱手标指

动作同“35”。略。

43. 左圈手收拳

动作同“8”。略。

44. 正身右拦手

上动不停，将右拳变掌向左拍打，当拍打至左肩位置时，将右掌握拳横置于胸前，肘关节弯曲成90°角，抬起与肩平，拳心向下；目视前方（图3–245）。

45. 转身右拦手直撑腿

上动不停，在保持右臂动作不变的前提下，身体微向右转成右侧身钳羊马，面向右方；同时右脚抬起向前直线踢出，高及腹部，脚趾向上，撑腿时双臂不动，上身不可摇晃不定，当右腿撑尽时不可回收；目视右方（图3–246）。

图3–245

图3–246

46. 侧身迫步膀手三式

上动不停，右脚向右前方落下，右脚落地时将左脚拖前一步；同时将左手肘部向上提起外翻抛出成高膀手，上臂与肩平，手腕放松，掌心向外，手指向下方，左上臂与上身保持约 90°之势，右手同时变成护手靠于左肘位置；目视正前方（图 3–247）。

继续将左掌向外翻成斜摊手势置于胸前，掌心斜向内，同时将右掌摊出置于左手腕上成交叉之势，掌心斜向自己身体（图 3–248）；

图 3–247

图 3–248

再将右脚向右前方前进一步，而左脚亦拖前一步；同时再将左肘抛出成高膀手，右手则变护手靠于左肘位置；面朝正前方。见图 3–247；

继续将双掌向外翻成交叉摊手置于胸前，左掌在外，右掌在内，掌心斜向内。见图 3–248；

再次将右脚向右前方踏上一步，而左脚亦拖前一步；同时将左肘抛出成高膀手，右手则变护手靠于左肘位置；目视正前方（图 3–247）。

47. 侧身左抽拳

上动不停，身体保持右侧身钳羊马不变，左手变掌为拳，以半弧形由下而上击打向身体胸前中线，高及喉部，拳眼向外，而右手随即变拳收回右胸侧；目视右前方（图 3–249）。

48. 正身左伏手

上动不停，将身体微向左转成正身二字钳羊马；同时左手由拳变掌，前臂内旋至掌心斜向下，掌指向前，放松手腕；目视前方（图 3–250）。

图 3–249

图 3–250

49. 右脱手标指

动作同“22”。略。

50. 右圈手收拳

动作同“10”。略。

51. 左转马直撑腿

上动不停，身体向左转成左侧身钳羊马，同时在转马的带动下，将左脚抬起向前直线踢出，高及腹部，脚趾向上；目视左前方（图 3–251、图 3–252）。

图 3–251

图 3–252

52. 迫步双低膀三式

上动不停，左脚向左前方落下，左脚落地时将右脚拖前一步；同时将双手肘关节向身体中线翻转抛出成低膀手，抛出后，上臂与前臂微曲成 135°角，两手腕在腹部中线位，双掌心向外，放松手腕（图 3–253）；

继续将双掌向外翻成双摊手势置于胸前，掌指斜向上，掌心斜向自己的身体（图 3–254）；

图 3–253

图 3–254

再将左脚向左前方踏出一步，右脚亦拖前一步；同时将双手肘关节向身体中线翻转抛出成低膀手，抛出后，上臂与前臂微曲成 135°角，两手腕在腹部中线位，双掌心向外，放松手腕。见图 3–253；

继续将双掌向外翻成双摊手势置于胸前，掌指斜向上，掌心斜向自己身体。见图 3–254；

再次左脚向左前方踏出一步，右脚亦拖前一步；同时将双手肘关节向身体中线翻转抛出成低膀手，抛出后，上臂与前臂微曲成 135°角，两手腕在腹部中线位，双掌心向外，放松手腕；目视左前方。见图 3–253。

53. 并步双问手

上动不停，左脚先踏前半步，右脚再踏前与左脚并齐成并步，同时将双低膀手依中线由下往上抬起成双问手，双手高及头顶，两掌心向外，手指向前；目视前方（图 3–255）。

图 3–255

54. 双窒手、双正掌

上动不停，双肘内合并下坠至胸前成窒手，双手间隔一拳宽，掌心向下，手指向前（图 3–256）；

以肘底力将双掌向前直线推出，高与肩平，掌心向前，手指向上；目视前方（图 3–257）。

图 3–256

图 3–257

55. 圈手收拳

上动不停，双掌外翻成摊手，掌心向上，手指向前（图 3–258）；

双掌屈腕使五指向上，以手腕为轴心，双掌做一内圈手，当圈至手指向下时，双手握拳收回于身体两侧，高与胸平；目视前方（图3–259—图 3–261）。

图 3–258

图 3–259

图 3–260

图 3–261

56. 右转马直撑腿

上动不停，身体向右转成右侧身钳羊马，同时在转马的带动下，将右脚抬起向前直线踢出，高及腹部，脚趾向上；目视右前方（图 3–262、图 3–263）。

图 3–262

图 3–263

57. 迫步双低膀三式

上动不停，右脚向右前方落下，右脚落地时将左脚拖前一步；同时将双手肘关节向身体中线翻转抛出成低膀手，抛出后，上臂与前臂微曲成135°角，两手腕在腹部中线位，双掌心向外，放松手腕（图3–264）；

继续将双掌向外翻成双摊手势置于胸前，掌指斜向上，掌心斜向自己身体（图3–265）；

图3–264

图3–265

再将右脚向右前方踏前一步，左脚亦拖前一步；同时将双手肘关节向身体中线翻转抛出成低膀手，抛出后，上臂与前臂微曲成135°角，两手腕在腹部中线位，双掌心向外，放松手腕。见图3–264；

继续将双掌向外翻成双摊手置于胸前，掌指斜向上，掌心斜向自己身体。见图3–265；

再次右脚向右前方踏前一步，左脚亦掩前一步；同时将双手肘关节向身体中线翻转抛出成低膀手，抛出后，上臂与前臂微曲成 135°角，两手腕在腹部中线位，双掌心向外，放松手腕；目视右前方。见图 3–264。

58. 并步双问手

上动不停，右脚先踏前半步，左脚再踏前与右脚并齐成并步；同时将双低膀手依中线由下往上抬起成双问手，双手高及头顶，两掌心向外，手指向前；目视右前方（图 3–266）。

59. 双窒手、双正掌

上动不停，双肘内合并下坠至胸前成窒手，双手间隔一拳宽，掌心向下，手指向前（图 3–267）；

图 3–266

图 3–267

以肘底力将双掌向前直线推出，高与肩平，掌心向前，手指向上；目视右前方（图 3–268）。

图 3–268

60. 圈手收拳

上动不停，双掌外翻成摊手，掌心向上，手指向前（图 3–269）；

双掌屈腕使五指向上，以手腕为轴心，右掌做一内圈手，当圈至手指向下时，双手握拳收回于身体两侧，高与胸平；目视前方（图 3–270—图 3–272）。

图 3–269

图 3–270

图 3–271

图 3–272

61. 左转马侧撑腿

上动不停，身体向左转成正身二字钳羊马，同时在转马的带动下，将左脚抬起向左侧直线踢出，左腿伸直，高及腹部，脚趾向前；目视左前方（图 3–273、图 3–274）。

图 3–273

图 3–274

62. 侧身襟手三式

图 3–275

上动不停，左脚直接向左侧前方落下，左脚落地时将右脚向左脚的方向拖近，身体右转成右侧身钳羊马；同时左拳变掌往下腹部正前方的位置下按，掌心向下，掌指斜向右（图 3–275）；

随即再将身体左转成左侧身钳羊马；右拳变掌往下腹部正前方的位置下按，掌心向下，掌指斜向左；同时左掌握拳收回左胸侧（图 3–276）；

再次将身体右转成右侧身钳羊马；同时左拳变掌往下腹部正前方的位置下按，掌心向下，掌指斜向右；右掌握拳收回右胸侧；目视正前方（图 3–277）。

图 3–276

图 3–277

图 3–278

63. 襟手变冲拳

上动不停，身体左转成正身二字钳羊马，同时左掌握拳在转马的带动下由下向上弹起，高与肩平，拳眼朝上；目视前方（图 3–278）。

64. 正身连环冲拳二式

上动不停，右拳由胸前中线，经过左肘关节的上面，再沿左前臂桥面向前直线冲出，拳眼朝上，左拳亦同时回收于胸前中线，靠近右肘关节（图 3–279）；

随即左拳也是由胸前中线，经过右肘关节的上面，再沿右前臂桥面向前直线冲出，拳眼朝上，而右拳亦同时回收于右胸侧；目视前方（图 3–280）。

图 3–279

图 3–280

上述乃一连串动作，中间不要停顿。

65. 左圈手收拳

动作同“8”。略。

66. 收　势

双脚合拢，立正收势；目视前方（图 3–281）。

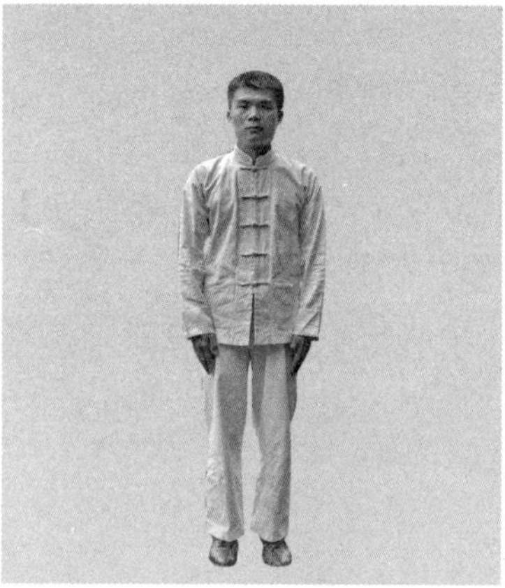

图 3–281

第四节　标　指

标指是咏春拳中神秘的第三套拳。它的神秘之处在于只能传授给那些极富天资、技艺高强、武德出众的入室弟子。

标指通常都是一对一口传身授的，在学习该套路之前，学员必须已经完全领会到小念头和寻桥的精髓，此外通常还要先学习木人桩套路。发力的重点集中于肘部、指尖和手掌。

标指中的很多动作都是从桥下向上发出的，而且通常都是逆势发出。

该套路可以视为一个攻击套路，其中包含很多深奥的理念。不过，你也可以把它视为用劲过度之后切回中线的方法，或者是力臂或中线丢失之后的闪避方法。因此，标指有时也可以作为一种绝地求生的套路。之所以不能过早地学习该套路，这也是其中的原因之一，毕竟与其犯了错误之后再想办法纠正，不如学会如何不去犯错误。就像搞艺术的人在学习素描时，老师通常不允许他们使用橡皮，这样一来他们就必须带着错误继续往下画，于是也就学会了如何避免再出现同样的错误。

标指是咏春拳的高级套路，攻击手法都是以指、掌、拳、肘为主。唯一的脚法是耕脚，又称圈步，亦包括咏春三式拳法之一的勾拳，三式肘法——盖肘、跪肘及劈肘。熟习后应以最快速度完成整套套路，快速可产生更大威力。小念头及寻桥假设敌人与自己实力相当，而标指则假设自己与敌人实力悬殊，敌众我寡的情况下，如何以最迅速及最直接的手法去击倒敌人，以求脱险，所以标指内的招式多是以打为消、险中求胜、但求速战速决。学习标指要求习者要对寻桥已有深厚根基及认识，否则可能弄巧成拙。

“标指”这一名称来自少林中的佛经，在经中有一段文字提及标月指。讲的是要我们“以指见月”，是佛法中极为有名的“指月之指”，它记载于《六祖坛经》之中。为了便于大家对标指及咏春拳有一个理性的理解，这里将“指月之指”这个禅宗故事讲一讲，这段记录的是唐朝时期两位高僧的对话。

有一天，无尽藏尼对六祖慧能说：“我研读《涅槃经》多年，仍有许多不解之处，希望能得到指教。”

慧能对她说：“我不识字，请你把经读给我听，这样我或许可以帮你解决一些问题。”

无尽藏尼笑道：“你连字都不识，怎谈得上解释经典呢？”

慧能对她说：“真理是与文字无关的，真理好像天上的明月，而文字只是指月的手指，手指可以指出明月的所在，但手指并不就是明月，看月也不一定必须透过手指，不是这样吗？”

如人以手指月示人，彼人因指当应看月。若复观指以为月体，此人岂唯亡失月轮，亦亡其指。——《楞严经》

语言、文字只是借用来表达真理，帮人达到悟境的舟车而已。误将文字为真理，不正是误以为手指是月亮一样可笑了吗？

“标指”是禅理的“标月指”，要穿越手指看月亮，即被人打时要眼光放远。它是打与被打的辩证法思想。

对咏春拳最好的比喻：就像一根指向月亮的手指，千万不要误将手指当成月亮，更不可专注于手指而忽视天空其他美景。手指的作用，只是指引“光明”，至于你能获得多少，或者看得有多远，便全靠自悟与努力。咏春拳的作用是让每一位习武者能够通过咏春拳的修炼指引，明确自我发展方向，培养个人武术研习能力，使之最终迈向自我解放。

并非笔者在此故弄玄虚，因为咏春拳的创始者五枚师太就是一位在佛学上有相当造诣的高僧。

由于在小念头中有一个动作称为标指，是双手用指齐向前伸，大约至眼部左右的高度，故很多人都认为标指是专取对方眼部的狠辣套路。标指是咏春三套拳中最后的一套，且寓意深刻，亦有人因此认为标指是最厉害的一套拳。假若标指最为厉害，我们又何须多学小念头、学寻桥？直截了当地学标指岂不更好更实际？勤练标指还不是一样可以培育根基吗？

但标指确实是属于咏春门功夫中“不传的秘”，它过于狠毒、杀伤力太大。标指的手法是长桥的打法，多是打手救手的招式，打法忽长忽短，由下打上，消打同时，柔化刚发，襟头屹尾，襟尾屹头，攻击力度如竹如藤，落点穿透。临阵应敌，以手保形，前手多变，拳不空出，手不空回。标指内的许多打法，都是十分凶狠凌厉毒辣的重击手法。标指的用力特点是“爆炸力”的高效运用，也就是在动作放松的基础上闪电般地攻出，然后在拳头或手指接触目标的瞬间突然发力去攻击对手最脆弱的要害部位。由于动作是放松的打出，故对手一般极难防范，并且由于是在极短的距离内发生，因此更增加了对手的防御难度，但命中目标时却具有强劲的穿透效果。

标指与小念头、寻桥的区别，很明显的一点是在巧妙运用中、长距离攻击技术的同时，更擅长于中、近距离的“贴身搏击”，如肘击的运用是咏春拳的一大绝招，还有就是几式摔法的灵活运用，如“抓拉摔”与“耕拦手”等等。另外一点，就是它特别强调步法的有效运用，前两套拳术没有有关步法的专门训练方法（尤其是咏春门所特有的“圈步”训练）。

“咏春标指不出门，还魂急救标指手”，可见标指在咏春拳中的超凡地位。

标指的详细动作如下。

1. 预备势

双脚靠合立正，两手垂于两腿侧，眼向前望，舌顶上腭；目视前方（图 3–282）。

2. 立正抱拳

两手从双腿侧向上提起至胸部，双手同时由掌变拳，双臂稍微用力向后拉，将双拳拉至胸部的左右两侧，拳心向上，拳背向下；目视前方（图 3–283）。

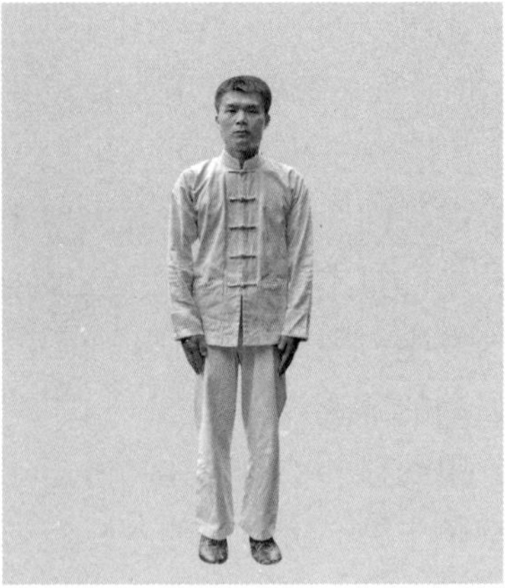

图 3–282

图 3–283

3. 耕脚开马

上动不停，两膝微屈，左脚轻轻贴住地面划一个半圆形的弧线向左方分开，略宽于肩，左脚尖稍内扣，脚尖指向中线（图 3–284、图 3–285）；

图 3-284

图 3-285

左脚不动，将右脚拖近到左脚后轻轻贴住地面划一个半圆形的弧线向右方分开，略宽于肩，右脚尖内扣放好，脚尖指向中线（图 3-286—图 3-288）。

图 3-286

图 3-287

图 3-288

图 3-289

4. 交叉耕手

上动不停，双拳同时变掌在胸前交叉，左手在上，右手在下，双手手背向下，掌心向上（图 3-289）；

双手在保持重叠不变的情况下一起向下做下插动作，同时双手内旋，使双手的手掌背向外朝着身体前方，掌心向内朝着自己的身体，左手在外，右手在内；目视前方（图 3-290）。

图 3-290

5. 交叉摊手

上动不停，两上臂不动，同时屈肘将两前臂提起，并保持交叉之势不变，左手在上，右手在下，双手同时外旋，使其掌背斜向下，而掌心斜向上；目视前方（图 3–291）。

图 3–291

6. 收 拳

上动不停，双手由掌变拳，一起收回胸侧，两臂微用力向后拉，拳心向上，拳背向下；目视前方（图 3–292）。

图 3–292

7. 左日字冲拳

上动不停，以肘底力将左拳沿胸部中线向前直线冲出，手臂伸直与肩平，拳眼向上（图 3–293、图 3–294）；

图 3–293

图 3–294

8. 十字摆指

上动不停，左拳变掌尽量前伸，掌心向右，手指向前（图 3–295）；

先将左掌向下屈腕，使手指向下摆动，再将左掌向上屈腕，使手指向上摆动。如此反复将掌指向上下摆动共做 3 次（图 3–296、图 3–297）；

图 3–295

图 3–296

图 3–297

将左掌外翻成掌心向上，以手腕为轴心做一内圈手，圈至手指向下时，将手变成掌心向下，手掌尽量前伸，手指向前（图 3–298—图 3–300）；

图 3–298

图 3–299

图 3–300

先将左掌向内屈腕，使手指朝向右摆动，再将左掌向外屈腕，使手指向左摆动。如此反复将掌指向左右摆动共做 3 次（图 3–301、图 3–302）；

图 3–301

图 3–302

将左掌外翻成掌心向上，以手腕为轴心做一内圈手，圈至手指向下时，将手变成掌心向右，手掌尽量前伸，手指向前（图 3–303—图 3–305）；

图 3–303

图 3–304

图 3–305

先将左掌向下屈腕，使手指朝向下摆动，再将左掌向上屈腕，使手指向上摆动。如此反复将掌指向上下摆动共做3次。见图3-296、图3-297)。

9. 圈手收拳

将左掌外翻成掌心向上，以手腕为轴心做一内圈手，圈至手指向下时，左手变掌成拳，将左拳收回左胸侧（图3-306—图3-309）。

图3-306

图3-307

图3-308

图 3-309

10. 右日字冲拳

上动不停，以肘底力将右拳沿胸部中线向前直线冲出，手臂伸直与肩平，拳眼向上（图 3-310、图 3-311）；

图 3-310

图 3-311

11. 右十字摆指

上动不停，右拳变掌尽量前伸，掌心向左，手指向前（图 3–312）；

先将右掌向下屈腕，使手指朝向下摆动，再将右掌向上屈腕，使其手指向上摆动。如此反复将掌指向上下摆动共做 3 次（图 3–313、图 3–314）；

图 3–312

图 3–313

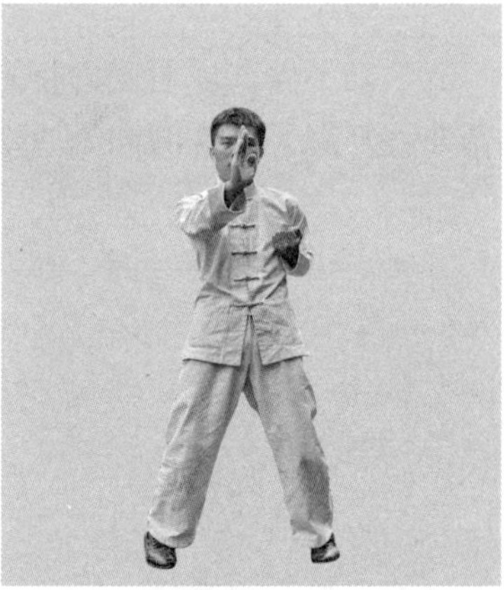

图 3–314

将右掌外翻成掌心向上，以手腕为轴心做一内圈手，圈至手指向下时，将手变成掌心向下，手掌尽量前伸，手指向前（图 3–315—图 3–318）；

图 3–315

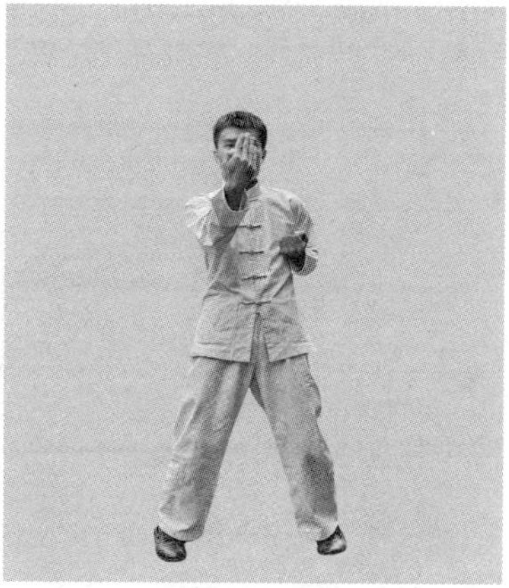

图 3–316

图 3–317

图 3–318

先将右掌向内屈腕，使手指朝向左摆动，再将右掌向外屈腕，使其手指向右摆动。如此反复将掌指向右左摆动共做 3 次（图 3–319、图 3–320）；

图 3–319

图 3–320

将右掌外翻成掌心向上，以手腕为轴心做一内圈手，圈至手指向下时，将手变成掌心向左，手掌尽量前伸，手指向前（图 3–321—图 3–323）；

图 3–321

图 3–322

图 3–323

先将右掌向下屈腕，使手指朝向下摆动，再将右掌向上屈腕，使其手指向上摆动。如此反复将掌指向上下摆动共做 3 次。见图 3–313、图 3–314。

12. 圈手收拳

将右掌外翻成掌心向上，以手腕为轴心做一内圈手，圈至手指向下时，右手变掌成拳，将右拳收回右胸侧（图 3–324—图 3–327）。

图 3–324

图 3-325

图 3-326

图 3-327

图 3-328

13. 左右三盖肘

上动不停，身体右转成右侧身钳羊马，同时将左臂屈曲，左拳变掌，放松手腕及手指，左肘上提，尽量贴近耳边由上而下向右前方砸下，高及胸部，下砸时将手背贴着胸口；目视前方（图 3-328）；

随即身体左转成左侧身钳羊马，同时将右臂屈曲，右手由拳变掌，放松手腕及手指，右肘上提，尽量贴近耳边由上而下向左前方砸下，高及胸部，下砸时将手背贴着胸口；左手握拳收回于胸侧；目视前方（图 3–329）；

再次将身体右转成右侧身钳羊马，同时将左臂屈曲，左拳变掌，左肘上提，尽量贴近耳边由上而下向右前方砸下，高及胸部，下砸时将手背贴着胸口，手腕、手指尽量放松；右手则变成手掌，掌指向前，掌心向下，置于左腋下；目视前方（图3–330）。

图 3–329

图 3–330

14. 肘底右标指

上动不停，右掌由左腋下向身体前方中线直线标出，掌指向前，掌心向下，高及喉部，而左掌亦随即置于右肘下，掌指向前，掌心向下；目视右前方（图 3-331）。

15. 桥底并步标指

上动不停，左脚踏前与右脚并齐成并步，左掌亦随即由右肘下沿右手桥底向前方中线直线标出，掌指向前，掌心向下，高及喉部（图 3-332）；

图 3-331

图 3-332

双手同时做一外圈手后握拳，使拳心向上，拳背向下，将双拳收回胸侧；目视前方（图 3-333—图 3-336）。

图 3-333

图 3–334

图 3–335

图 3–336

16. 圈 步

上动不停，左脚轻轻贴住地面划一个半圆形的弧线向左方分开，略宽于肩，左脚尖稍内扣，脚尖指向中线，右脚掌亦随势微转使右脚尖指向中线成正身二字钳羊马（图 3–337、图 3–338）；

图 3–337

图 3–338

左脚不动，将右脚拖近到左脚后轻轻贴住地面划一个半圆形的弧线向右方分开，略宽于肩，右脚尖内扣放好，脚尖指向中线；目视前方（图 3–339—图 3–341）。

图 3–339

图 3–340

图 3–341

17. 左右三盖肘

图 3–342

上动不停，身体左转成左侧身钳羊马；同时将右臂屈曲，右拳变掌，放松手腕及手指，右肘上提，尽量贴近耳边由上而下向左前方砸下，高及胸部，下砸时将手背贴着胸口；目视前方（图 342）；

随即身体右转成右侧身钳羊马；同时将左臂屈曲，左手由拳变掌，放松手腕及手指，左肘上提，尽量贴近耳边由上而下向右前方砸下，高及胸部，下砸时将手背贴着胸口；右手握拳收回于胸侧；目视前方（图 3–343）；

再次将身体左转成左侧身钳羊马；同时将右臂屈曲，右拳变掌，右肘上提，尽量贴近耳边由上而下向左前方砸下，高及胸部，下砸时将手背贴着胸口，手腕、手指尽量放松；左手则变成手掌，掌指向前，掌心向下，置于右腋下；目视左方（图3–344）。

图 3–343

18. 肘底左标指

上动不停，左掌由右腋下向身体前方中线直线标出，掌指向前，掌心向下，高及喉部，而右掌亦随即置于左肘下，掌指向前，掌心向下；目视左方（图 3–345）。

图 3–344

图 3–345

19. 桥底并步标指

上动不停，右脚踏前与左脚并齐成并步，右掌亦随即由左肘下沿左手桥底向前方中线直线标出，掌指向前，掌心向下，高及喉部（图 3–346）；

双手同时做一外圈手后握拳，使拳心向上，拳背向下，将双拳收回胸侧；目视前方（图 3–347 — 图 3–350）。

图 3–346

图 3–347

图 3–348

图 3-349

图 3-350

20. 圈　步

上动不停，右脚轻轻贴住地面划一个半圆形的弧线向右方分开，略宽于肩，右脚尖稍内扣，脚尖指向中线，左脚掌亦随势微转使左脚尖指向中线成正身二字钳羊马（图 3-351、图 3-352）；

图 3-351

图 3-352

右脚不动，将左脚拖近到右脚后轻轻贴住地面划一个半圆形的弧线向左方分开，略宽于肩，左脚尖内扣放好，脚尖指向中线；目视前方（图 3–353—图 3–355）。

图 3–353

图 3–354

图 3–355

21. 左劈肘

上动不停，身体右转成右侧身钳羊马；同时将左臂屈曲，左拳变掌，放松手腕，左肘经体侧上提与肩平，斜向胸前下劈，高于胸部，劈出时将手背贴着胸口；右手由拳变掌，掌指向前，掌心向下，贴于左腋下；目视前方（图 3–356）。

图 3–356

22. 肘底右标指

动作同“14”。略。

23. 桥底并步标指

动作同“15”。略。

24. 圈　步

动作同“16”。略。

25. 右劈肘

上动不停，身体左转成左侧身钳羊马；同时将右臂屈曲，右拳变掌，放松手腕，右肘经体侧上提与肩平，斜向胸前下劈，高于胸部，劈出时将手背贴着胸口；左手由拳变掌，掌指向前，掌心向下，贴于右腋下；目视前方（图 3–357）。

图 3–357

26. 肘底左标指

动作同“18”。略。

27. 桥底并步标指

动作同“19”。略。

28. 圈　步

动作同“20”。略。

29. 左劈肘

动作同“21”。略。

30. 肘底右标指

动作同“14”。略。

31. 侧身左铲颈手

上动不停，左拳变成横掌向右前方直线撑出，掌心斜向前，手指向外，高及喉部，右掌随即变拳收回右胸侧；目视前方(图 3–358)。

图 3–358

32. 正身左横杀颈手

上动不停，身体左转成正身二字钳羊马；同时左掌回收于胸前成左拦手后，再向左方横扫，掌心向下，高及喉部，左手伸尽时须与肩平，和身体成一直线；目视正前方（图 3–359）。

33. 正身左枕手

上动不停，将左臂肘关节弯曲下垂，用肘底力将左肘拉回至身体的胸前中线，放松手腕，掌心向右，掌指向前；目视前方（图 3–360）。

图 3–359

图 3–360

34. 右脱手标指

上动不停，将右拳变掌放在左手肘关节上，掌心向上（图 3–361）；

随即右掌迅速沿左手桥面向前直冲出标指手，掌心向下，

图 3–361

图 3–362

高及喉部，左手随即变拳收回左胸侧；目视前方（图 3–362）。

35. 右圈手收拳

上动不停，右掌外翻成摊手，掌心向上，手指向前（图 3–363）；

图 3–363

右掌屈腕使五指向上，以手腕为轴心，右掌做一内圈手，当圈至手指向下时，右手握拳收回于身体右侧，高与胸平；目视前方（图3-364—图 3-366）。

图 3-364

图 3-365

图 3-366

36. 右劈肘

动作同“25”。略。

37. 肘底左标指

动作同“18”。略。

38. 侧身右铲颈手

上动不停，右拳变成横掌向左前方直线撑出，掌心斜向前，手指向外，高及喉部，左掌随即变拳收回左胸侧；目视左方（图 3–367）。

39. 正身右横杀颈手

上动不停，身体右转成正身二字钳羊马；同时右掌回收于胸前成右拦手后，再向右方横扫去，掌心向下，高及喉部，右手伸尽时须与肩平，和身体成一直线；目视正前方（图 3–368）。

图 3–367

图 3–368

40. 正身右枕手

上动不停，将右臂肘关节弯曲下垂，用肘底力将右肘拉回至身体的胸前中线，放松手腕，掌心向左，掌指向前；目视前方（图 3–369）。

图 3–369

41. 左脱手标指

上动不停，将左拳变掌放在右手肘关节上，掌心向上（3–370）；

随即左掌迅速沿右手桥面向前直冲出标指手，掌心向下，高及喉部，右手随即变拳收回右胸侧（图 3–371）。

图 3–370

图 3–371

42. 左圈手收拳

左掌外翻成摊手，掌心向上，手指向前（图 3–372）；

左掌屈腕使五指向上，以手腕为轴心，左掌做一内圈手，当圈至手指向下时，左手握拳收回于身体左侧，高与胸平；目视前方（图 3–373—图 3–375）。

图 3–372

图 3–373

图 3–374

图 3–375

43. 左劈肘

动作同“21”。略。

44. 肘底右标指

动作同“14”。略。

45. 侧身左下路铲手

上动不停，左拳变成横掌向右前下方的腹部位置直线撑出，掌心斜向前，手指向外，高及小腹，右掌随即变拳收回右胸侧；目视右方（图 3–376）。

图 3–376

46. 正身左枕手

上动不停，将身体左转成正身二字钳羊马。用肘底力使左臂肘关节弯曲下坠，从而带动前臂划一个圈，从外侧荡起再朝身体胸前中线切下，放松手腕，掌心向右，掌指向前；目视前方。见图 3-360。

47. 右脱手标指

动作同“34”。略。

48. 右圈手收拳

动作同“35”。略。

49. 右劈肘

动作同“25”。略。

50. 肘底左标指

动作同“18”。略。

51. 侧身右下路铲手

上动不停，右拳变成横掌向左前下方的腹部位置直线撑出，掌心斜向前，手指向外，高及小腹，左掌随即变拳收回左胸侧；目视左方（图 3-377）。

图 3-377

52. 正身右枕手

上动不停，将身体右转成正身二字钳羊马，用肘底力使右臂肘关节弯曲下坠，从而带动前臂划一个圈，从外侧荡起再朝身体胸前中线切下，放松手腕，掌心向左，掌指向前；目视前方。见图 3–369。

53. 左脱手标指

动作同“41”。略。

54. 左圈手收拳

动作同“42”。略。

55. 左右上下耕手三式

上动不停，身体左转，重心落于右脚，身体成左侧身钳羊马；同时左手以肘关节为轴将前臂向腰部左侧方向划弧下格，掌心斜向内，手指向下；右手沿胸前从右向左横推，手指向上，掌心向左；目视左前方（图 3–378）；

图 3–378

身体右转，重心落于左脚，身体成右侧身钳羊马；同时右手以肘关节为轴将前臂向腰部右侧方向划弧下格，掌心向外，手指向下；左手沿胸前从左向右横推，手指向上，掌心斜向内；目视右前方（图 3–379）；

身体左转，重心落于右脚，身体成左侧身钳羊马；同时左手以肘关节为轴将前臂向腰部左侧方向划弧下格，掌心向外，手指向下；右手沿胸前从右向左横推，手指向上，掌心斜向内；目视左前方（图 3–380）。

图 3–379

56. 正身左伏手

上动不停，将身体右转成正身二字钳羊马。用肘底力使左臂肘关节弯曲下坠，从而带动前臂划一个圈，从外侧荡起再朝身体胸前中线切下，放松手腕，掌心向下，掌指向前；右掌则放在左手肘关节上，掌心向下，掌指向前；目视前方（图 3–381）。

图 3–380

图 3–381

57. 右脱手标指

动作同“34”。略。

58. 右圈手收拳

动作同“35”。略。

59. 左右上下耕手三式

上动不停，身体右转，重心落于左脚，身体成右侧身钳羊马；同时右手以肘关节为轴将前臂向腰部右侧方向划弧下格，掌心向外，手指向下；左手沿胸前从左向右横推，手指向上，掌心向内；目视右前方（图 3–382）；

身体左转，重心落于右脚，身体成左侧身钳羊马；同时左手以肘关节为轴将前臂向腰部左侧方向划弧下格，掌心向外，手指向下；右手沿胸前从右向左横推，手指向上，掌心斜向内；目视右前方（图 3–383）；

图 3–382

图 3–383

身体右转，重心落于左脚，身体成右侧身钳羊马；同时右手以肘关节为轴将前臂向腰部右侧方向划弧下格，掌心向外，手指向下；左手沿胸前从左向右横推，手指向上，掌心斜向内；目视右前方（图 3–384）。

60. 正身右伏手

上动不停，将身体左转成正身二字钳羊马。用肘底力使右臂肘关节弯曲下坠，从而带动前臂划一个圈，从外侧荡起再朝身体胸前中线切下，放松手腕，掌心向下，掌指向前；左掌则放在右手肘关节上，掌心向下，掌指向前；目视前方（图 3–385）。

图 3–384

图 3–385

61. 左脱手标指

动作同“41”。略。

62. 左圈手收拳

动作同“42”。略。

63. 正身问手三式

上动不停，左手变拳为掌，左肘外翻带动左掌向体侧挥摆，左臂展开伸直，高于头顶，掌心翻转向外，手指向外；同时右手成掌，沿胸前从右向左横推，手指向上，掌心向左；目视左上方（图 3–386）；

再将右肘外翻带动右掌向体侧挥摆，右臂展开伸直，高于头顶，掌心翻转向外，手指向外；同时左手沿胸前从左向右横推，手指向上，掌心向右；目视右上方（图 3–387）；

图 3–386

图 3–387

再次将左肘外翻带动左掌向体侧挥摆，左臂展开伸直，高于头顶，掌心翻转向外，手指向外；同时右掌沿胸前从右向左横推，手指向上，掌心向左；目视左上方。见图 3–386。

64. 正身左伏手

上动不停，将左手用肘底力拉回胸部中线再微向前切出，左肘微屈，掌心向下，掌指向前，放松手腕；右手则握拳于胸侧（图 3–388）。

65. 圈镰手三式

上动不停，身体左转成左侧身钳羊马；同时，左手腕弯曲内圈成勾手形状，在转马的带动下向左划弧（图 3–389）；

图 3–388

图 3–389

将身体右转成正身二字钳羊马，左手则变回伏手，掌心向下，掌指向前，见图 3–388；

身体左转成左侧身钳羊马，同时，左手腕弯曲内圈成勾手形状，在转马的带动下向左划弧。见图 3–389；

再次将身体右转成正身二字钳羊马，左手由勾手变成伏手，掌心向下，掌指向前。见图 3–388；

身体左转成左侧身钳羊马；同时，左手腕弯曲内圈成勾手形状，在转马的带动下向左划弧。见图 3–389。

66. 正身左伏手

上动不停，将身体右转成正身二字钳羊马，左手由勾手变成伏手，掌心向下，掌指向前。见图 3–388。

67. 右脱手标指

动作同“34”。略。

68. 右圈手收拳

动作同“35”。略。

69. 正身问手三式

上动不停，右手变拳为掌，右肘外翻带动右掌向体侧挥摆，右臂展开伸直，高于头顶，掌心翻转向外，手指向外；同时左手成掌，沿胸前从左向右横推，手指向上，掌心向右；目视右上方。见图 3–387；

再将左肘外翻带动左掌向体侧挥摆，左臂展开伸直，高于头顶，掌心翻转向外，手指向外；同时右手沿胸前从右向左横推，手指向上，掌心向左；目视左上方。见图 3–386；

再次将右肘外翻带动右掌向体侧挥摆，右臂展开伸直，高于头顶，掌心翻转向外，手指向外；同时左掌沿胸前从左向右横推，手指向上，掌心向右；目视右上方。见图 3–387。

70. 正身右伏手

上动不停，将右手用肘底力拉回胸部中线再微向前切出，右肘微屈，掌心向下，掌指向前，放松手腕；左手则握拳于胸侧（图 3–390）。

71. 圈镰手三式

上动不停，身体右转成右侧身钳羊马；同时，右手腕弯曲内圈成勾手形状，在转马的带动下向右划弧（图 3–391）；

图 3–390

图 3–391

将身体左转成正身二字钳羊马，右手则变回伏手，掌心向下，掌指向前。见图 3–390；

身体右转成右侧身钳羊马；同时，右手腕弯曲内圈成勾手形状，在转马的带动下向右划弧（图 3–391）；

再次将身体左转成正身二字钳羊马，右手由勾手变成伏手，掌心向下，掌指向前。见图 3–390；

身体右转成右侧身钳羊马；同时，右手腕弯曲内圈成勾手形状，在转马的带动下向右划弧。见图 3–391。

72. 正身右伏手

上动不停，将身体左转成正身二字钳羊马，右手由勾手变成伏手，掌心向下，掌指向前。见图 3–390。

73. 左脱手标指

动作同“41”。略。

74. 左圈手收拳

动作同“42”。略。

75. 正身标指三式

上动不停，左拳变掌，左前臂内旋使掌心向下，沿胸前中线向前冲出，高及喉部，手指向前（图 3–392）；

随即右拳变掌置于左肘下方，迅速沿左手桥面下方向前直冲出标指手，掌心向下，高及喉部，左手随即收回于右肘关节下方（图 3–393、图 3–394）；

图 3–392

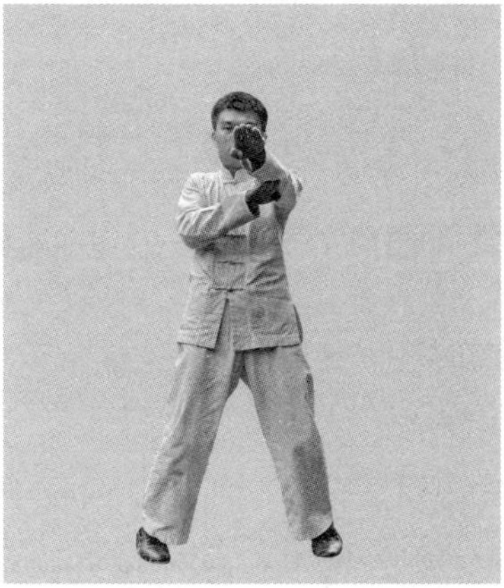

图 3–393

图 3–394

左掌迅速沿右手桥面下方向前直冲出标指手，掌心向下，高及喉部，右手随即握拳收回于身体右侧，高与胸平；目视前方（图 3–395）。

图 3–395

上述乃一连串动作，中间不要停顿。

76. 侧身左铲颈手

上动不停，身体右转成右侧身钳羊马，带动左手变成横掌向右横铲，掌心斜向前，手指斜向外，左手腕尽量前撑（图 3–396）。

77. 正身左横杀颈手

上动不停，身体左转成正身二字钳羊马，同时左掌回收于胸前成左拦手后，再向左方横扫去，掌心向下，高及喉部，左手伸尽时须与肩平，和身体成一直线；右手成护手立于胸前；目视左手前方（图 3–397）。

图 3–396

图 3–397

78. 正身左枕手

动作同“33”。略。

79. 右脱手标指

动作同“34”。略。

80. 右圈手收拳

动作同“35”。略。

81. 正身标指三式

图 3-398

上动不停，右拳变掌，右前臂内旋使掌心向下，沿胸前中线向前冲出，高及喉部，手指向前（图 3-398）；

随即左拳变掌置于右肘下方，迅速沿右手桥面下方向前直冲出标指手，掌心向下，高及喉部，右手随即收回于左肘关节下方（图 3-399、图 3-400）；

图 3-399

图 3-400

右掌迅速沿左手桥面下方向前直冲出标指手，掌心向下，高及喉部，左手随即握拳收回于身体左侧，高与胸平；目视前方（图 3–401）。

上述乃一连串动作，中间不要停顿。

82. 侧身右铲颈手

上动不停，身体左转成左侧身钳羊马，带动右手变成横掌向左横铲，掌心斜向前，手指斜向外，右手腕尽量前撑（图 3–402）。

图 3–401

图 3–402

83. 正身右横杀颈手

上动不停，身体右转成正身二字钳羊马，同时右掌回收于胸前成右拍手后，再向右方横扫去，掌心向下，高及喉部，右手伸尽时须与肩平，和身体成一直线。右手成护手立于胸前；目视右手前方（图 3–403）。

84. 正身右枕手

动作同“40”。略。

85. 左脱手标指

动作同“42”。略。

86. 左圈手收拳

动作同“43”。略。

图 3-403

87. 正身擒拿手

上动不停，双手伸展成掌前伸，手臂伸直时迅速将双手抓握成拳，双手与肩同高，双拳拳眼相对、间隔一拳的距离，拳心向下（图 3-404、图 3-405）。

图 3-404

图 3-405

88. 左转身摔

上动不停，身体左转成左侧身钳羊马，带动双臂向左摆动牵拉（图 3–406）。

89. 左勾拳

上动不停，身体右转成正身二字钳羊马，左臂弯曲成 90°角，左手在身体右转的带动下向上竖勾，略向右超过身体中线，拳头高与胸平；右手则收回于身体右侧，高与胸平（图 3–407）。

图 3–406

图 3–407

90. 左横杀颈手

上动不停，左手变拳为掌，左内圈成掌指向外，掌心向前，沿身体中线向身体前方直线撑出，高与咽喉平齐（图 3–408、图 3–409）。

图 3-408

图 3-409

91. 左圈手收拳

动作同“42”。略。

92. 正身擒拿手

上动不停，双手伸展成掌前伸，手臂伸直时迅速将双手抓握成拳，双手与肩同高，双拳拳眼相对，间隔一拳的距离，拳心向下（图 3-410、图 3-411）。

图 3-410

图 3–411

图 3–412

93. 右转身摔

上动不停，身体右转成右侧身钳羊马，带动双臂向右摆动牵拉（图 3–412）。

94. 右勾拳

上动不停，身体左转成正身二字钳羊马，右臂弯曲成 90°角，右手在身体左转的带动下向上竖勾，略向左超过身体中线，拳头高与胸平；左手则收回于身体左侧，高与胸平（图 3–413）。

图 3–413

95. 右横杀颈手

上动不停，右手变拳为掌，右内圈成掌指向外，掌心向前，沿身体中线向身体前方直线撑出，高与咽喉平齐（图 3–414、图 3–415）。

图 3–414

图 3–415

96. 右圈手收拳

动作同“35”。略。

97. 鞠躬车轮手三式

上动不停，双手在胸前合掌成拜佛状，将双手合掌举过头顶，双手放松，在上身前伏的带动下将双手向前下垂落，尽量触及地面（图 3–416—图 3–418）；

图 3–416

图 3-417

图 3-418

上身向上挺起直立，带动双手向头顶上方举起翻转，再左右分开，下落于胸前，左手成摊手姿势，右手成护手姿势（图 3-419、图 3-420）；

图 3-419

图 3-420

再将双手在胸前合掌成拜佛状，将双手合掌举过头顶，双手放松，在上身前伏的带动下向下面垂落，尽量触及地面。见图 3-416—图 3-418；

上身再向上挺起直立，带动双手向头顶上方举起翻转，再左右分开，下落于胸前，右手成摊手姿势，左手成护手姿势（图 3-421）；

图 3-421

再重复将双手在胸前合掌成拜佛状，将双手合掌举过头顶，双手放松，在上身前伏的带动下向下面垂落，尽量触及地面。

上身再向上挺起直立，带动双手向头顶上方举起翻转，再左右分开，下落于胸前，左手成摊手姿势，右手成护手姿势。见图 3-420。

98. 正身连环冲拳三式

上动不停，左掌变拳沿胸前中线向前冲出，拳眼向上；右掌同时变拳回收于胸前中线，靠近左肘关节上方位置，拳眼向上（图 3-422）；

图 3-422

上动不停，右拳沿左前臂桥面向前直线冲出，拳眼向上；左拳亦同时回收于胸前中线，靠右肘关节上方位置，拳眼向上（图 3–423）；

上动不停，左拳沿右前臂桥面向前直线冲出，拳眼向上；右拳亦同时回收于右胸侧，目视前方（图 3–424）。

图 3–423

图 3–424

上述乃一连串动作，中间不要停顿。

99. 左圈手收拳

动作同“42”。略。

100. 收　势

上动不停。双脚合拢，立正收势，目视前方（图 3–425）。

图 3–425

第五节 黐手训练

在实战对搏中，谁都不会主动采取黐手形式，首要的是简单直接地攻击对手。当出手受阻需要变化来达到目的时，即可以发挥平时练习黐手那种反应纯熟快捷机巧的灵敏性，去应付千变万化的局势。不论对手会不会黐手都一样对付，全凭自己的反应灵敏，取得先机去战胜对手，故咏春黐手是咏春“无招胜有招”的主要依据和入门钥匙。黐手技术，是一种双人以单手或双手手臂相交，手腕粘靠在一起，以伏手、摊手、膀手等几种基本手型相生相克，来回顺、逆时针滚动并在适时做出一些攻击动作，另一方相应做出防守动作来训练人的桥手“听劲”（即感觉对方来拳与力量变化）以及手肘的“肘底力”变化和人自身本能反应能力的方法。是两个人通过双方桥手互相接触，利用平时学到的种种手法、身形和步法，以单黐手或双黐手，定步式或活步式，按照个人的练习程度互相模拟攻防，让双方切实地体认到攻防技击的变化。

不少人练拳，只是由头到尾操练多遍，便以为可以致用于实战，这是大错特错，因为这种练拳方式只是依样画葫芦，练空架子而已。当碰到一个真正会武的对手时，肯定会手忙脚乱，根本使不出平时学到的招式，所以这种练拳方法只能健身，不能自卫。

各家各派都有它们训练用于实战的方式和方法，咏春拳的黐手就是其中一种既科学又有实效的方法。黐手是真实的对抗性练习，虽然它与真正的对抗性搏击实战还有一大段的距离，但它也不是人们常见的那种你来我往、虚为招架的推手。黐手不能代替实战，却是一套既能检验自己基本功夫，又是拳术过渡至实战阶段的最佳训练方法，它也是一种有效的切磋手段，是咏春拳实战训练的一个重要组成部分。

拳术在实战中，双方都有一个肢体互相接触的过程，这个过程非常短暂，但在这个电光石火间的接触，就已能分出胜负，这短暂的互相接触，就是把自己的力量作用到对方身上的契机。双方肢体互相接触，就有一个接触“点”，力量通过这个“点”作用到对方身上，以期达到克敌制胜的效果，而效果的优劣，就要看彼此功力的强弱，以及是否得机和得势。

黐手训练时，双方桥手接触的地方“点”，成为双方短兵相接的焦点，彼此都极力希望控制这个焦点，故此黐手训练可以有效地训练双手有触必应、手随意转、随感而发的听劲功夫。

当彼此桥手搭在一起，手臂皮肤互相接触，双方的力量通过这个接触点向对方起了作用。我们知道，人体对外力变化最先的感觉就是通过皮肤的触觉和本体感觉得来的，经过黐手训练，桥手的触觉就会特别敏锐，对外力变化反应更加敏感和准确，反应速度来得更快。

一般来说，练武的人对外来力量的反应可以分成三个层次，当皮肤感应到外力的变化后，会很自然地通过手法变化来应付，一旦手法的变化不足以应付外来的力道，就会利用身形、步法的进退、起落加以应付，所以在黐手训练过程中，除了手法的变化外，还得有身法和步法的紧密配合，互相协调。练武格言中的“以形补手把敌抛”正是这个意思。

咏春拳术讲究子午归中，即是不但要夺取对手的中线，更要保卫自己的中线，做到守中用中。子午可以说是人体的中线，是重心所系，一旦中线不保，重心必失，就会为敌所乘，受敌所制。在黐手练习中，由于目的性十分明确，双方桥手一经搭上，就会开始攻防动作，其过程由双方攻防动作的变化所决定，所以没有固定的招式，而是随意而发、应感而发，当然其招式必须是平时所学习过的，无限制去发挥。初练黐手时不可以用拙力互相对抗，而应该以轻柔为主，但有些力流和力觉一定要清楚，身形必须上虚下实，形松意紧，上身永远保持松沉不着力，旨在训练双手听劲的灵敏，反应敏捷。当练习比较长的一段时间后，慢慢领会了咏春拳真正的功夫蕴藏于下盘，才能进一步地练习离桥的过手对练。黐手是咏春拳术技法的一个重要组成部分，一个不可或缺的训练过程。黐手的优劣直接影响到实战的表现，故此要能战，必先把黐手练好。

在黐手训练中，强调没有“固定的招数”，并非指“没有招式”，这是要特别注意的指导性观念。“招”是指一个动作，“式”是一种外形，有时两式或两式以上的动作合并在一起，便构成一招。在黐手训练中，一些最好的、最简单的、能在最短时间内使用出来的招式（如摊、伏、膀、日字拳等），将拳法变成练习者本人的“习惯性反应”。如此，经练习者不断地重复对练，便可在激烈的对搏中，在不可能预知对方使用出什么样的拳法的情况下，自己便能在突然之间本能地做出相应的攻防反应，出手制敌。

咏春拳黐手训练把传统的对攻防反应训练的“眼看、脑想、手动”的形式变为“眼看、手动”的反应训练。靠着手部对力度改变的感觉，配合活用的最实用的咏春拳术招式，将之训练成为一种本能的条件反射动作。这便是黐手训练的最终目的。

一、单黐手训练

单黐手可以为初学者提供一种简单而有效的练习，帮助他们了解基本原理。首先，必须保持良好的身形和身架，这样才能了解稳定的根基对技术的重要性。练习者要学会黏住对方的手臂，以便感知其意图。一个人以特定的招式攻击，其训练伙伴学习消解和还击的技巧。当攻击被返还时，原来的攻击者感知到对方的动作立即进行防守。在整个单黐手训练过程中，双方以二字钳阳马站立，以膀、摊、伏三种防守方法和日字拳（或掌）的攻击手作为其训练对象。须寸步不移，即纯粹以训练桥手感觉为主旨。单黐手训练虽是单手，但双方攻防兼备，且攻防变化总是按顺序依次进行，循环不绝，没有所谓的始终。

动作说明：

图 3–426

双方以二字钳阳马相对站立，同伴以伏手从外向里伏住我方（右侧站立者）桥手，我方同时从里向外摊住同伴的桥手（图 3–426）。

由于我方是摊手，手的位置在同伴桥手的上方（在上者称生手，在下者称死手，逢生必攻，逢死化生，此为粘变化之道），故此时我方由摊手变日字冲拳或印掌向同伴面门攻击；同伴的伏手则跟着我方的攻击动作作相应的变化，同伴将桥手略向回收，并将手下伏轻压我方的桥手（图 3–427）。

此时同伴的桥手在我方桥手之上，故生手者为同伴，同伴的伏手变日字拳或印掌攻击我方；我方从桥底贴住同伴的桥手，变成膀手阻截对方的攻击动作（图 3–428）。

图 3-427

图 3-428

我方膀手从桥底攀上，变摊手；同伴日字拳或印掌变伏手(图 3-429)。

按照上述动作生生不息地循环练习。

图 3-429

动作要领：

在练习时，双方动作轻柔，感觉到对方用力后再变化动作，整个动作过程以意为主，顺着对方的变化而变化，不要机械地进行黐手动作。还要做到腰马稳固，不要在整个练习过程中身体一直摇晃。

当练习到一定的次数后，双方可以将练习的动作互换，方法是这样的：

我方的摊手贴着同伴的手臂由内向外圈手，当圈至同伴的手臂外侧时，同伴为了防御我方手臂在变化的时候发起攻击，变伏手为膀手进行防御。当我方完成圈手动作时，同伴再变膀手为摊手，形成同伴从里向外摊住我方桥手，我方从外向里伏住同伴桥手，如此再进行黐手练习（图 3–430 — 图 3–433）。双手自由交替练习。

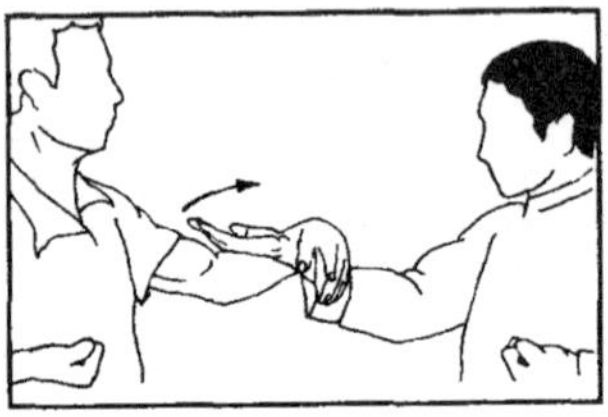

图 3–430

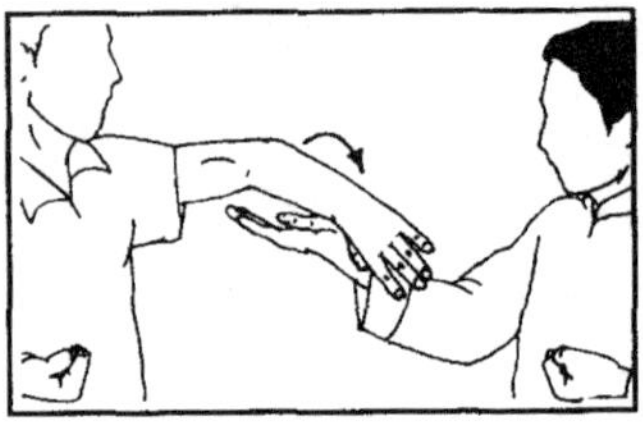

图 3–431

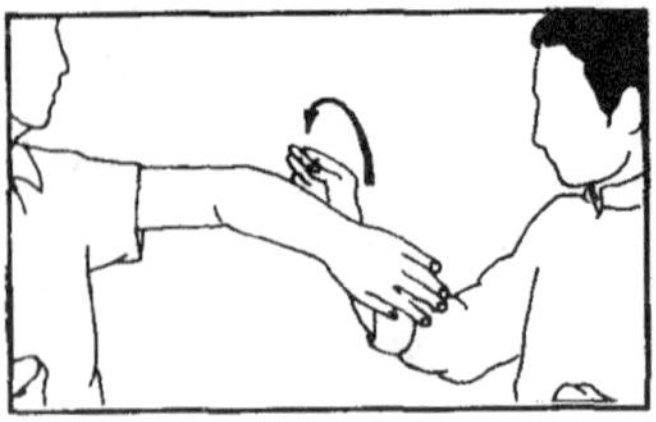

图 3–432

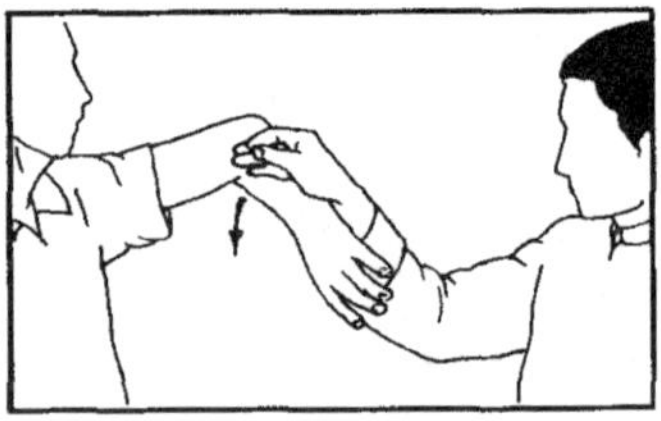

图 3–433

很重要的一点就是，不要让这一系列技术成为一种习惯性动作，因此可以试着先形成一种节奏，然后打破它，看对方是不是能够对攻击做出反应。如果对方的防御动作是预先想好的，那么你就可以感觉出来，在攻击之前他已经做出了些微的防御，假如突然停止攻击，对方就会摆出一个毫无意义的姿势。

一定要让肢体独立动作，不要让这些动作引起身体的晃动。要学会从肘部，而不是从拳头或手掌发力。在单黐手中还要对身架进行训练，双腿要通过蹬地来产生力量。在单黐手中还会学到的其他技巧包括：中线的控制，劲的正确运用，肘底力或三角力等（通过关节的正确定位以及肌肉的有效运用，可以用最小的付出产生最大的力量）。在学会单黐手之后，可以引入一些手法的变化。这也有助于建立一种观念，即双手在不受力时要迅速返回中线位置。离手思想（甩手直冲）也可以在该阶段引入，如果一方的手突然从练习中撤出，或者是在防御中动作过度，那么另一方的自由手就应该立刻向前直击，或是攻击中线。

然后可以练习偏身单黐手，或者说引入转马和步法的单黐手。所有的这些技巧在后面的双黐手中都会用到，因而在这个早期阶段了解这些概念是非常有用的。

二、攞手与拍手

攞手和拍手是基本的咏春拳攻击技术，也可以用于控制和防御。练习者必须花费大量的时间来学习这两种动作，熟悉它们的各种用法。

（一）攞　手

攞手用于我方前手与对方手臂接触，想用后手实施攻击的情况。用前手短促地拉扯对方手臂——通常是向下的，同时用另一只手发起攻击。对方的手臂被拉向一侧，其身体则被拉到了攻击路线上（图 3-434）。攞手通常是从转马发出的。

图 3-434

攞手训练是循环进行的：一个

人实施攋手技术，同时发出正马冲拳，另一个以转马膀手进行防御。然后，防守方实施攋手，护手变为冲拳，同时身体转回原来的位置。原来的攻击者则以转马膀手进行防御（图 3–435）。重复该过程。

如果防守方用实施膀手的那只手抓住并猛拉攻击方实施攋手的那条手臂，那么就可以实现攻守互换。

在整个训练过程中一定要保持放松。不仅要留心实施膀手或冲拳时不要动作过度，而且必须始终注意中线的位置。在实施攋手时，最好不断改变速度和力量，这样可以检测对方的膀手是否正确。在攋手训练中制造变化和干扰是很容易的。这样的变化可以提高应变能力，发展更为全面的技巧。

图 3–435

（二）拍　手

拍手就是手掌的短促拍击。拍手可以用作非确定性的防守动作，或者也可以用于拍开对方手臂，为另一只手的攻击扫清道路。这种攻击通常是由前手发出的（图 3–436）。

如我们前面所说，如果你以过大的力度攻击一个高手，那么对方会借你的力来攻击你。如果你的攋手或拍手技术使用不当，那么很容易被对方防住。

不要以为它们只是为你的攻击手扫清障碍的手段，其实它们的用处要大得多。如果你在与对方手臂接触时发起攻击，那么对方就能够感知到你的攻击，倘若对方功夫不错，就可以成功地实施防守。拍手和攦手都可以用于摆脱来自防守者的潜在攻击，将形势瞬间从“来留”（防守者）变为“去送”（攻击者）。

图 3–436

这些技巧还可以用于将攻击从身体的一侧转到另一侧，从内门转到外门（反之亦然）或者以另一只手（后手）形成接触。拍手之后可以紧接攦手，攦手也可以中途变为拍手。

通常说来，最安全、最利落的攻击都是由拍手或攦手形成的。其他合理的攻击时机只有在“甩手直冲”的情况下，或者在对方的手离开你的防守区让你能够溜过其防线的时候。用力过大通常会形成适合对方使用攦手或拍手的状态。

在进行攦手的循环练习时，尽量不要一直保持类似膀手防御——中线冲拳这样的节奏。可以把膀手和反击看作是一个完整的动作。这样一来你就可以形成一种良好的习惯，防守之后立刻发起攻击，中间没有任何间隙。

三、双黐手

黐手是咏春拳之所以区别于其他拳法的基本原因之一。其他任何拳法的训练方法都无法以如此之快的速度让拳手掌握其技巧。

黐手的独特练习方法能够让我们敏锐地感知到对手最细微的动作，并根据实时的情况做出反应。我们可以非常清楚地意识到自己双手与身体的相对位置。由于我们的手和手腕是与对方相接触的，因而我们就可以本能地知道对方的双手在哪，于是就可以相对容易地阻止对方击中我们。

前臂、手和手指对于动作都是非常敏感的，而且能够以非常精微的方式加以控制。例如，在拿起一个细小的物体时，我们所用的力量跟提起一大袋马铃薯所用的力是不同的。我们会根据需求调整握力，如果东西比较滑，神经系统的反馈会自动地告诉我们需要握得更紧一些或者改变握的位置。黐手基本就属于这种下意识的行为。

黐手的目的是将套路与实战连接起来。从中我们可以很快地学会怎样在安全环境下随意地运用实战技术。受伤的风险很低，因为黐手是一个学习过程而不是实战格斗。

研究表明，随意的练习比按照套路练习要有效得多，黐手中会学习一些技术，但通常都是试验性的和随意性的。你永远不知道下一个动作是什么，必须感知对方的攻击，以便进行正确的防御。另外，并没有明显的证据显示，学习技术时所处的状态必须跟最终使用这些技术时所处的状态一模一样。

很明显，黐手必须要集中精力，而且需要很高的技巧。首先，其难点在于，学员必须努力去应对不断变化的情况，使用他们可能并不熟悉的手法。为了让学员能够熟悉这一过程，可以先进行一些简单的练习。

双黐手从其特点和训练层次来划分，可分为两个阶段：第一阶段是盘手训练，第二阶段是过手训练。

(一) 盘　手

盘手的动作是两人正面相对而立，站二字钳羊马，甲乙双方手臂彼此相搭，然后双方的手臂上下左右翻滚，犹如在一个无形的圆圈中来回盘旋。而这个圆圈仿佛将甲乙双方的桥手套在里面一般，在盘旋过程中，永远不会超过这个圆周。

盘手的练习：

我方以右摊手、左伏手，同伴以左伏手、右膀手互相搭桥（图 3–437）。然后开始盘旋，双方伏手不变，根据对方的用力将摊手变膀手，膀手则变摊手（图 3–438），周而复始，生生不息（图 3–439）。

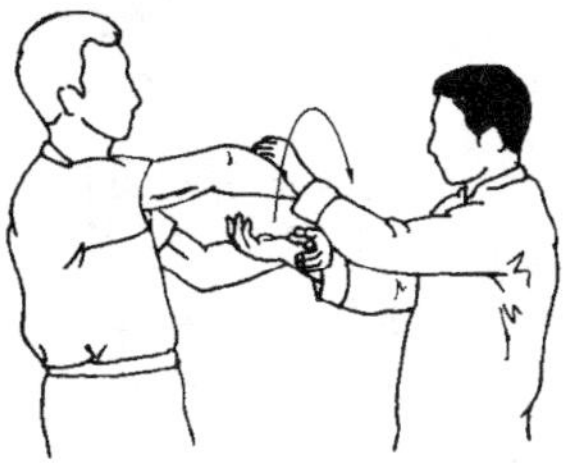

图 3–437

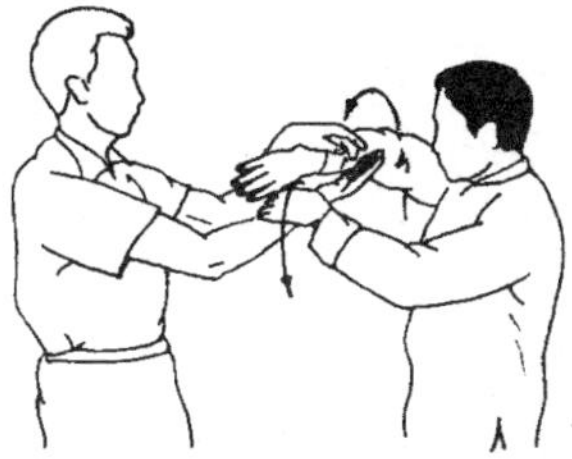

图 3–438

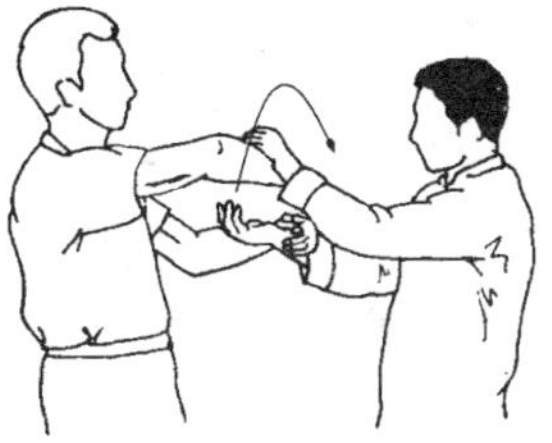

图 3–439

对于初次接触双黐手的练习者可能一时理解不了双黐手的动作方法。由于在双黐手时，我方在感觉对方用力的同时，也在向对方的身体用力，双方都是有攻有守，无法攻守兼顾。我们换一个方式来学习的话就会容易得多，从完全防守的角度来理解双手在双黐手时的变化：我方以双手置于同伴的双手内侧进行盘手。我方以左手为摊手，右手为膀手贴在同伴的双手臂内侧，同伴则以双手成伏手由外向内伏在我方的双手上（图3–440）。当对方根据“单黐手”时的动作方法来施力配合时，我方将膀手变摊手，摊手变膀手（图3–441），在这个过程中双方手臂形成上下左右翻滚情形，如此周而复始的进行练习（图3–442）。以此练习黐手时的手感和技巧变化。

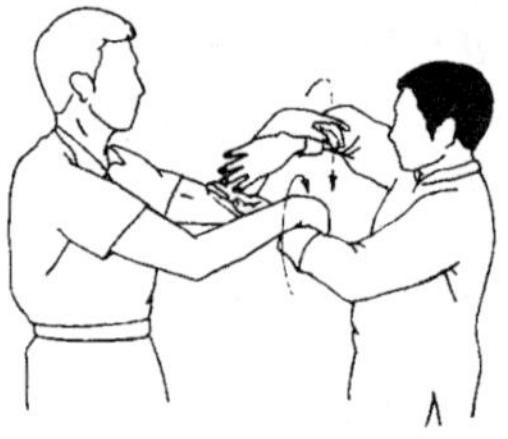

图3–440

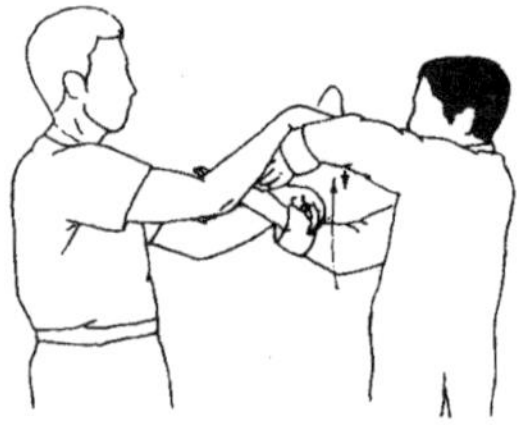

图3–441

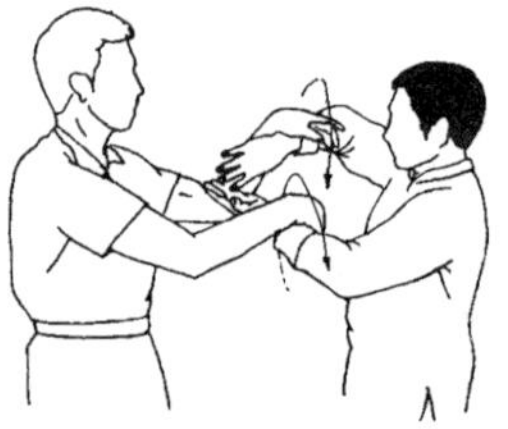

图3–442

一旦掌握了这些技巧，学员就可以进一步进行盘手的练习。该练习中包含了黐手的基本手形，膀手、摊手和伏手，但是没有包含手法攻击技术，从这个练习中学员可以学会手法的变化，自然地进入全面的黐手练习。盘手是整个黐手训练的一部分，但是它也可以用作技术之间的调整动作。

（二）过　手

一旦学员学会了简单的盘手，提高了手法的灵敏性，下一步就是学习怎样将手流畅地从内门转到外门，反之亦然。这种技巧主要依赖于良好的手感和时机的掌握，同时也能帮助学员提高这方面的感觉。

过手练习可以很好地帮助练习者提高散手中的近战能力，可以将练习中的技术动作和通过练习获得的手感在实战中发挥出来，利用对方技术和手部触觉上的盲点反制对方。

1. 内门变外门

从盘手姿势开始，我方以右摊手、左伏手，同伴以左伏手、右膀手互相搭桥。我方右摊手化作一内圈手从同伴的伏手下滑掉，然后以日字冲拳击打同伴的身体中门（图 3–443—图 3–445）。

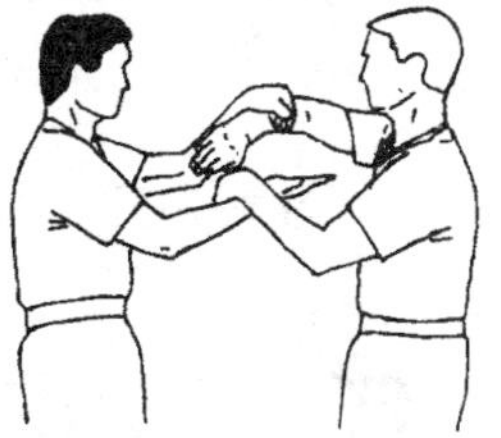

图 3–443

图 3–444

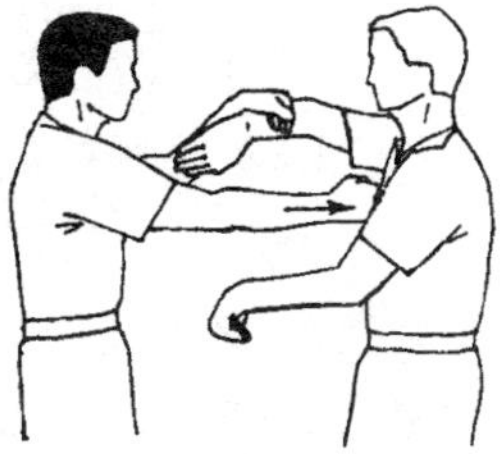

图 3–445

2. 外门变内门

从盘手姿势开始，我方以右膀手、左伏手，同伴以左伏手、右摊手互相搭桥。我方左伏手化作一外圈手从同伴的摊手外侧滑至内侧，然后以印掌击打同伴的身体中门（图 3–446—图 3–449）。

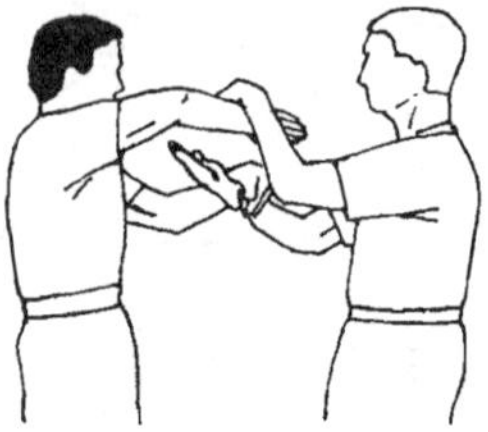

图 3–446

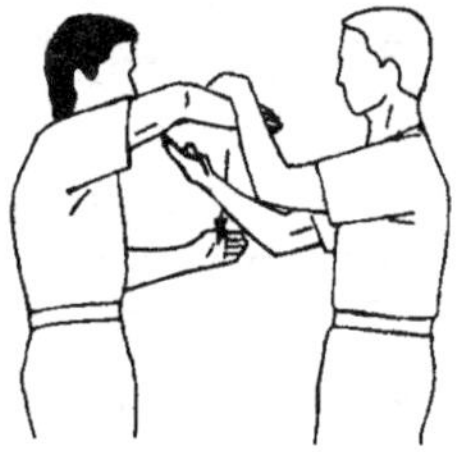

图 3–447

图 3–448

图 3–449

手法的变化与圈手类似，手以腕为轴，向手臂的另一侧滚动。时机非常重要，因为这种变化必须从滚动的顶部或底部开始，并且能够迅速完成，以免被对方察觉到。

在从外门到内门的转换中，伏手从手臂下方向内滚动，变为摊手，迫使对方转为伏手，以免被我方击中。在从内门到外门的转换中，摊手从手臂下方向外滚动，变为伏手或耕手，迫使对方手法进行相应的变化。在进行手法的转换时必须尽可能地保持手腕接触。

在实战中，我方可以故意贴近对方的桥手，突然用一只手控制对方的桥手，另一只手迅速配合进行击打。

3. 推压左肘的一伏二练习

盘手过程中，我方左伏手配合外圈手的动作从同伴的双桥手下绕过，以手掌推压同伴的左肘，右手乘机以日字冲拳击打同伴的面门（图3-450—图3-453）。紧接着，右手收回伏在同伴双手桥面上，配合左日字冲拳击打同伴的面门（图3-454）。

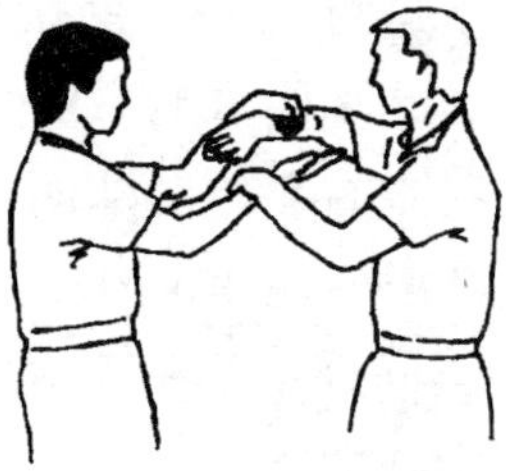

图 3-450

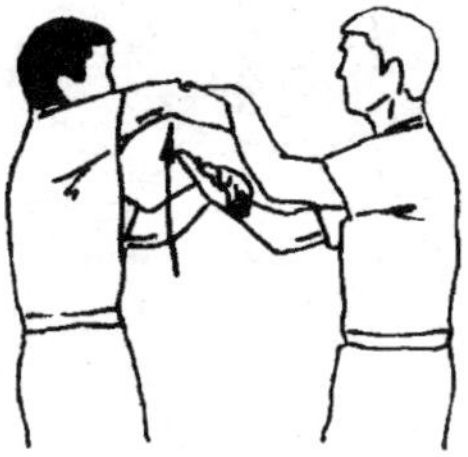

图 3-451

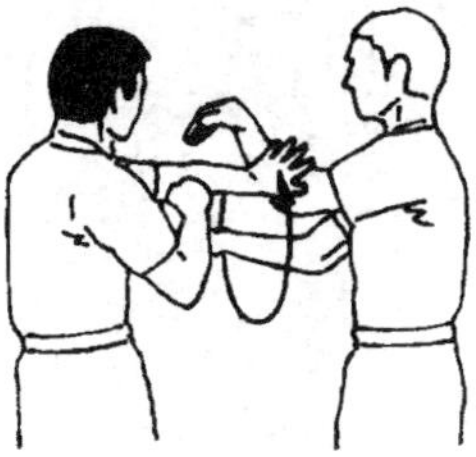

图 3-452

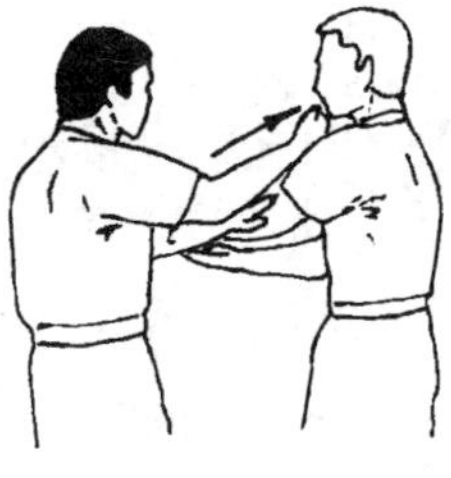

图 3-453

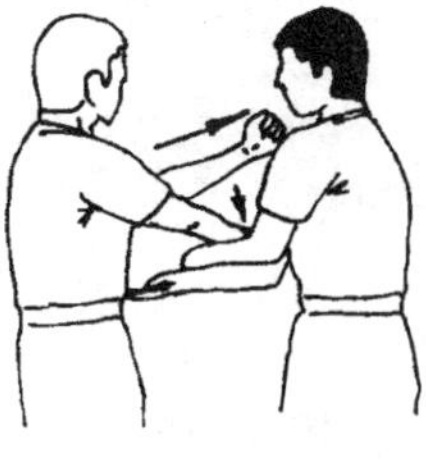

图 3-454

4. 推右肘的一伏二练习

盘手过程中，我方左手以日字冲拳击打同伴，同伴右手成膀手进行化解，我方左手稍用力下按同伴的右膀手，使其与自己的左伏手上下重叠在一起（图 3-455—图 3-457）。然后，我方右手顺势从同伴的左伏手下掀起，以右手稍推压同伴的右肘，左手成日字冲拳进行击打（图 3-458）。继而以左手推压同伴的右肘，右手成日字冲拳进行击打（图 3-459、图 3-460）。

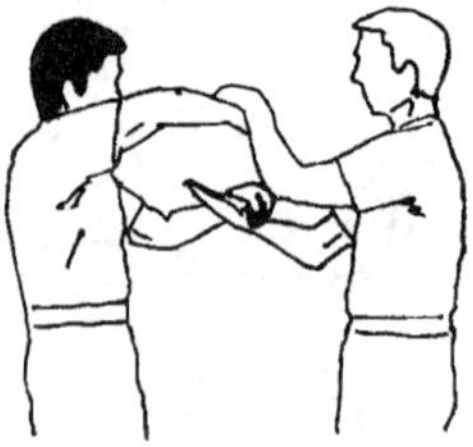

图 3-455

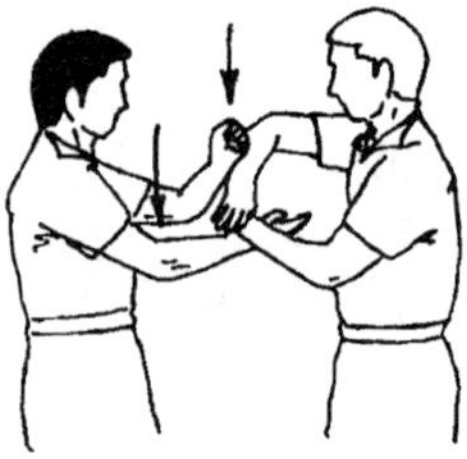

图 3-456

图 3-457

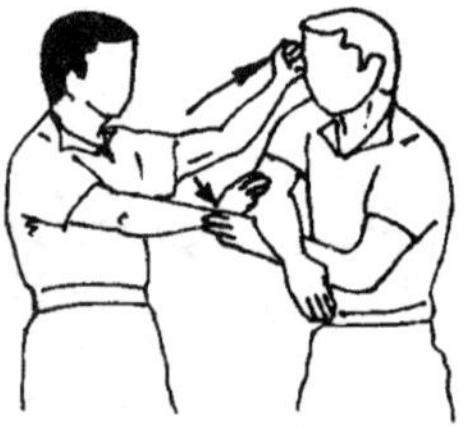

图 3-458

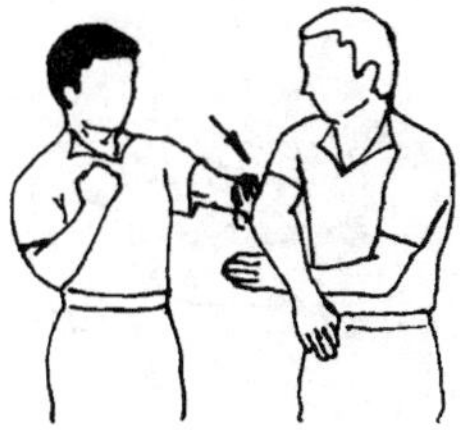

图 3–459

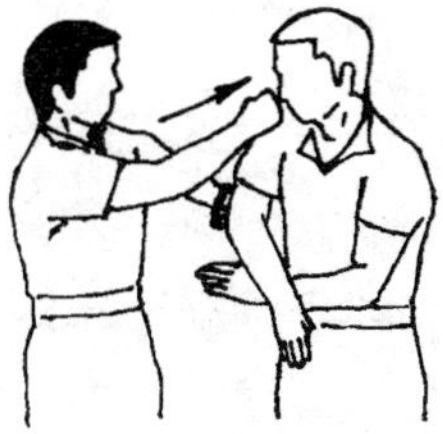

图 3–460

5. 下压桥手的一伏二练习

盘手过程中，我方双手稍由外向内施力，带动同伴的双手跟随到身体中线位置上，我方左手乘机由上向下按压同伴的右桥手（图 3–461 — 图 3–463），同时将右手从同伴的左桥手下抽出以日字冲拳击打同伴（图 3–464），再用右手推压同伴的右肘，左手成日字冲拳进行击打（图 3–465）。

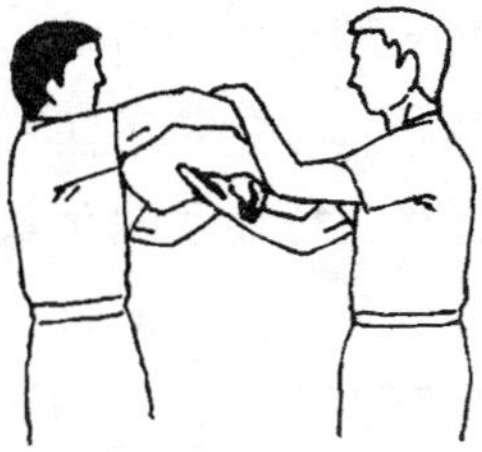

图 3–461

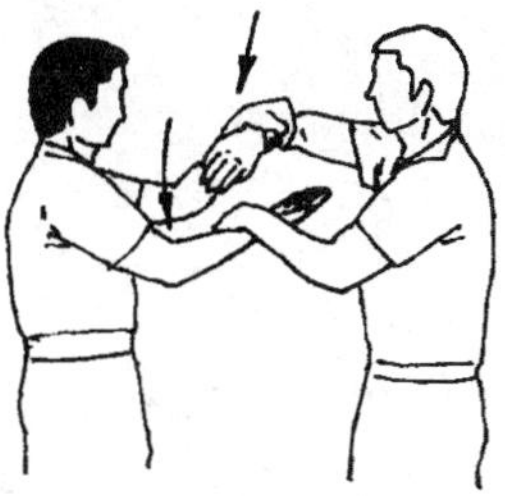

图 3–462

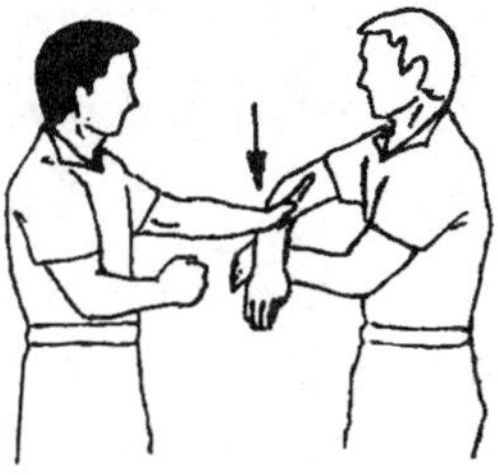

图 3–463

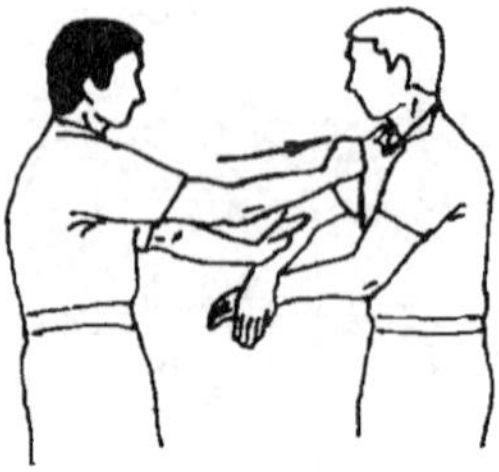

图 3-464

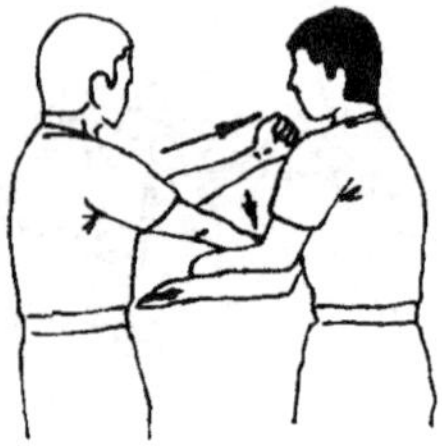

图 3-465

四、黐手变化与自由手

还可以在黐手中引入一个不同的手法变化体系。通过手臂被推开之后必须快速而流畅地返回中线这一思想的运用，即使非常轻微的偏心力也可能导致黐手的手法变化。

开始时，这些手法可以脱离盘手或黐手进行单人练习，但是一旦学员熟悉了盘手就应该把它们整合进来。手法的变化可以让手臂从内门移至外门，反之亦然。

当双手进行内外门转换以及返回中线时，它们还要注意感知中线上的细微变化。在早期学习阶段，学员必须学会对那些向外或向下的偏心力做出反应，让手臂转回中线。一旦掌握了这种技巧，就要进一步学习故意施加离心力促使对方做出手法上的改变，然后在对方的手返回中线防御时粘住它。经过一段时间的协作练习之后，很快就能够以一种流畅、快捷、没有空当的方式来进行内外门的转换了。

在黐手中最先要学会的技巧是如何纠正错误。在早期阶段，这要比始终保持每个动作 100%正确更现实一些，因为后者的前提是攻击者丝毫不懂功夫。记住，如果使用蛮力，有经验的对手就会反过来利用它来攻击你。通常，没有经验的对手很快会变得手足无措，发出过度的攻击动作，从而让拳手能够改变来力的方向并从另一个角度发起反击。

在这个阶段引入“甩手直冲”的思想也很有价值。学习这种重要技巧的最简单的一种方式就是在黐手训练中让训练伙伴随机地撤掉一只手。你的手只要脱离了接触状态，就应该迅速移至中线，不应该有丝毫的犹豫。在这里，很重要的一点就是，手臂向前的运动务必要保持放松、轻快，不要用力过大。在进行截击或格挡时很容易做到这一点，但是在中线冲拳时却不一定能确保。

黐手中的防御方法就是抢占优势位置和控制中线，一定要围绕着对手的攻击移动（参见转马），在实施控制时不要使用过多的力量。如果使用蛮力，有经验的对手就会感知到你的格挡，利用这些能量从另一个角度发起攻击。

一种很有用的做法就是，把黐手的过程放慢，逐帧地审视双方的动作，一人攻击，另一人防守。如果攻击成功，或者难以防守，那么重复刚才的过程，尝试不同的方法，直到找到合适的动作。一旦发现最佳的选择，就可以加快动作，进行练习，直到成为一种本能。这种方法对于了解如何以各种不同的方式运用简单的步法和手法很有效。如果始终以全速练习，那么你可能永远也无法了解所有可用的选择，而且通常要利用力量和速度来纠正原本可以避免的简单错误。技巧可以通过耐心的批判性分析得以提高。

咏春拳的目的是要达到尽可能的有效，以最小的力获得最大的效果。老子曾说过：“无为而无不为。”为此，手臂运动时必须保持放松，这样就能够以一种快速而流畅的方式改变手法。张力只是瞬间存在的，通常是在击中目标或到达某个特定位置的时候。击中目标之后，手臂就要立刻恢复放松状态，以便继续其他的动作。

攻击动作必须以一种可控制的、放松的方式向前送出，一旦攻击偏离中线，或者中途受阻，就必须舍弃或转换动作。如果攻击没有达成，那么就表示应该转换动作了，在黐手练习中这种角度的转换往往会以每秒几次的频率出现。

在训练中保持放松的其他好处还包括，使用正确肌肉（参见“劲的运用”）的可能性更大，而出现疲劳的可能性更小，从而让你能够训练更长的时间。另外也能降低受伤的可能性。我个人可不希望自己整日带着乌青的眼圈、肿大的嘴唇和淤伤的胳膊，这样既不健康也没有必要，当然也是不明智的。

即使你的对手力量很大，很强硬，你也不需要担心，实际上这甚至可能成为你的优势，因为你可以利用他的缺乏灵活性而轻松地击败他。用力过大或严重的偏手性（注：即习惯于偏用某一只手，而不是双手同时发展）容易导致攻击过度，很容易对付，因为这样会暴露出他们的意图，从而反击方式的选择也就很明显了。另外，如果对方的手臂很僵，那么你就能由此而控制他的整个身体，当你推或拉对方的手臂时，他的身体就会按你预料的（可利用的）方式运动。在黐手中，任何的习惯、癖好以及可预料的行为都可以看作可利用的弱点。

在黐手练习中，思想必须比平时更为集中和清晰，就类似冥想一样。集中精力可以让我们思想清晰，防止我们考虑其他的事情。当完全没有时间去考虑其他事情的时候，训练往往可以达到一种心无旁骛、条件反射的境界。这个时候我们必须停止有意识的思想，信任和依赖我们身体的自动系统。高手始终都了解放松和集中精力的重要性，一种被称为“身心合一”的状态。

人的大脑分为两个半球。一侧负责制定系统性的计划，它会把战术分解成几个简单的片段。另一侧则以一种直觉的、立体的方式看待事物。当你的身体和思想和谐统一时，你就可以达到巅峰状态。放松的身体和集中的思想在这两个系统的有效协作上起着非常重要的作用。

由于黐手练习完全是为了培养一种灵敏性，所以即使其中一个练习者蒙上眼睛也可以非常容易地练习（不建议双方都蒙眼练习），这样可以提高手臂的灵敏性，因为在蒙眼的情况下这是他唯一能依赖的。当蒙着眼睛或闭着眼睛练习时，务必要记住，眼睛被蒙住的人能够感知到你的中线在哪里，但是却意识不到你离他有多近。所以你的头要离远一点！

黐手另一个很有趣的地方就是，仅凭观看不可能判断出一个拳手的技术水平。你判断别人水平的唯一方法就是跟他一起练习。出于同样的原因，即便是同一个师父教出来的徒弟，他们感知到的也可能是完全不同的。其原因在于体型、个性和对技术的理解的不同。因此，最好能够与尽可能多的不同的搭档练习，以便了解如何处理各种不同的情况。不过，在与别的流派的拳手练习时，最好定下一些规则（比如，不许击打头部）。要确保双方是在切磋技术、交流想法，没必要非得争个对错，因为这往往会让一堂有价值的训练课沦为一场斗殴。

五、黐 脚

要想把双腿练得像双手一样灵活，黐脚练习是一个必需的过程。

你要对力做出反应，在对各种腿法做出防守之后要立刻返回一个稳定的位置。黐脚还能训练练习者检测到什么时候适合发起类似的腿法攻击。

黐脚与黐手通常是分开练习的。虽然两者也可以同时练习，但是适合黐脚的是比较近的缠斗距离，更适合于正常姿势被破坏的情况。如果你想不出拳，只靠黐脚控制对手，或者把对手放倒，那么训练起来尤其困难（图 3–466）。

图 3–466

第六节　木人桩

木人桩是咏春拳中一套器械练习方式。相传是红船上的咏春拳祖先前辈因无对手练习及红船上地方狭窄而设计出来的自我练习方法，是咏春拳独特的器械训练。咏春木人桩法套路整齐，经常练习木人桩法，不但可以锻炼桥手的硬度、手法的灵活、发劲穿透力，同时还能锻炼身形步法迂回变换、进退的方位角度。将木人桩当作假想敌，把已经学到的咏春拳法在木人桩上发挥出来，所谓“无师无对手，对镜与桩求”。

木人桩是咏春拳徒手搏斗训练系统中最后一套训练方式，集小念头、寻桥、标指的手法于一身。故一直以来有人以为木人桩法为咏春拳的精髓所在，误以为咏春将最厉害的手法都放于木人桩法中，是咏春拳的一种秘技，其实绝对不是。桩法内所有招式均是从小念头、寻桥及标指的动作中结合而成。桩法的目的在于活用三套拳术的理论及招式，同时运用攻击的角度等去发挥个人的功底至极限。这种练习并不可以应用于一个真人身上，例如，练习强大的凝聚力。桩法的练习有时间去容许更正自我的弱点，这些在受到对手的压力时不会轻易做得到。另一方面，亦可以用木桩作为假想敌去创立攻防招式。木人桩可以修正手法技术、身位或补救过失的手法的训练方式，或黐手中不经常会遇到及出错的手法等，此时都可以集中于桩法上以作补充。因桩是死物，固定而不会有大幅度的移动，而人是活的，故练习时必须迁就桩手的位置而令自己的手法固定，不会偏差、走样。

练习木人桩法，其意在没有师傅和师兄弟在身边时，仍可继续习练而不至于荒废所学。木人桩法是咏春前辈们的心血结晶，大家都知道咏春拳是十分注重实战的，而前人总结了实战搏击经验，将小念头、寻桥、标指三套拳中的攻防手法、身法、步法和脚法再加入了散手重新编排而成这一套木人桩法。

木人桩的桩身、桩手和桩脚都是安装在固定的位置上，而且手、脚的尺寸和距离亦是经计算过而刻意安排，所以通过不断的埋桩锻炼，便可纠正我们不自觉的错误姿势，掌握好身体在不同角度的走动，肘部与身体都能保持在正确位置。而在练习桩法的过程中，能体会到实际搏击中所用到的腰、马、桥（提高桥手硬度、反应能力）及寸劲，运用身形和手法去接近、进迫和击倒敌人。

木人桩套路是咏春拳固有的组成部分。木人桩，顾名思义就是人形的木桩。其他拳法流派也会使用木桩进行练习，不过咏春木人桩及其套路是专门为练习和提高咏春拳技术而设计的。该套路在历史传承中历经了多次变革，最初包含 140 个动作。叶问宗师因感觉招式动作过多而将其减少为 108 式。不过，后来他感觉其中缺少了一些重要的动作，于是又把招式增加至 116 式，之后便广为接受并流传至今。

木人桩训练可以提高各方面的技巧，尤其是保持正确的身架围绕对手自由移动并到达有利位置的能力。木人桩训练的另一个作用就是，预先确定的手臂角度可以帮助我们完善自己的技术，调整攻击的角度。

当然了，踢打木人桩时用的力量可以远大于跟同伴练习时所用的力度。不过必须要指出的是，木人桩练习的目的不是提高双手和手臂的硬度。练习者不应该猛力击打桩手，而应该紧贴桩手运动，从一个动作滑到下一个动作。最后一点，木人桩套路中包含很多前面几个套路中没有出现过的腿法、跌法、封缠、摔法以及组合动作。

在开始时，需要反复进行转马耕拦手技术的练习。打出耕手的手臂要用力，而另一只手的拍手动作则只是保持不动，在身体的带动下拍击桩手。重心置于一侧腿上，同时同侧髋部应上顶，对桩手实施向上的力。当你转动身体时，耕手放松，转至桩手上方并与之保持接触（实际上已经变为拍手），同时拍手移至桩手下方变成耕手。当重心转到另一只脚时开始用力。此时另一侧的耕手可以保持用力。当该技术练习纯熟之后，可以增加一个动作——其中一只手脱离桩手，另一只手变为攞手猛拉桩手。木人桩套路中节与节之间都是采用这种方式连接起来的。

第一节，侧重步法的练习，练习者必须努力练习，以达到正确的角度，同时手部摆放的位置要保持舒适。膀手和摊手动作中手腕应流畅而柔和地与桩手末端相接。运动时要始终牢记中线的位置。开始时不要过多地关注于击打木桩，而应该把重点放在位置和角度上。

第二节，重复第一节，方向相反。

第三节，介绍拍手动作。先是内门拍手，注意不要过多地使用手臂力量，动作完成之后应迅速弹回中线位置。然后是外门拍手，配合转马使用。外门拍手向前弹出，形成一个砍击动作，然后收回成为窒手，同时另一只手打出低位冲拳。接下来，先打出低膀手，再变为问手从侧面攻击，然后以侧踢实施反击。当遭遇侧面追击，或者膀手被压制或粘缠时，这种腿法也非常有效。一定要确保力量沿着直线发出，脚不要在桩身上滑动。

第四节，要学会双手围绕对方的防卫手圈转，利用对方的力量拨开其防线，以双手实施攻击。注意木桩的反弹，要尽可能地利用其节奏。要记住，在实际应用中，双手动作也可以用单手打出。

然后，打出膀手，并迅速转为摊手加低横掌，同时沿 90°向下踩踏桩脚。

第五节，侧重抱排掌的练习。务必要注意对方防卫手的位置。你的攻击应该从对方的内门或外门楔入，将对方封住或挤出。有时为了实施攻击，要先让自己的双手解放出来。

第六节，侧重学习从膀手到攞手的转换。在做该动作的时候，双脚不要移动，而是原地转动。伴随着攞手动作，另一只手打出杀颈手，然后攞手变为横掌从内门继续实施攻击。本节还会介绍十字步直撑腿，这种腿法是从一种非常刁钻的角度发出的，目标通常是对方的支撑腿。十字步可以用于转换方向。

第七节，包含腿法和摔法。第一种腿法是铲踢，踢击目标为髋部、裆部或小腹部，然后转为踩膝腿，重心重新落回地面。要注意，在发起腿法之前步法可能需要做出细微的调整。

摔法在攞手之后使用，以圈步滑入对方前腿之后。脚跟提起，接触点在小腿肌肉。脚跟落地的同时打出拍手横掌，缠住对方的前腿，迫使其向后倒下。这个动作与黐腿中的技术类似。若要顺利完成该动作，必须对中线、拳架、时机和角度多加注意。另外，当你的脚步移向外门时也必须注意。

第八节，在本节中，将以一记远距离低踢和高位格挡结束整个木人桩套路。紧接着打出一记膀手，然后转为双攞手，在手法转换的同时，以脚向前扫踢或踩踏对方的足踝。该动作可以让腿的前压与手的后拉形成一组方向相反的力量，迫使对方向前跌出。

木人桩详细动作如下。

第一节

1. 问路式

以二字钳羊马站立于木人桩前，左手前伸成摊手姿势，右手成护手姿势立于左肘关节右侧，双手高与胸平，置于身体中心线位置上；双目平视桩身（图 3–467）。

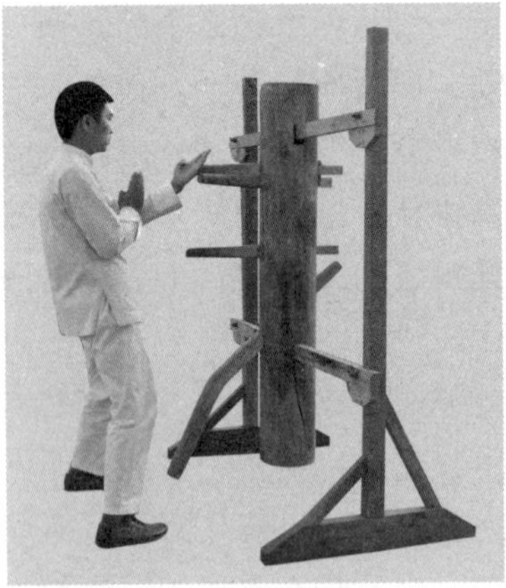

图 3–467

2. 左摊手

上动不停，仍以二字钳羊马站立，左摊手略前伸格击右桩手内侧，右手保持护手姿势不变护于胸前；目视桩身（图3-468）。

3. 右攀颈手

上动不停，右手贴住木人桩，由木人桩的上方的前侧绕至右侧，变为勾手攀住木人桩的后侧短促用力回钩。同时，身体左转成左侧身钳羊马，左手变为攦手轻握住右桩手稍用力回拉；目视桩身（图3-469）。

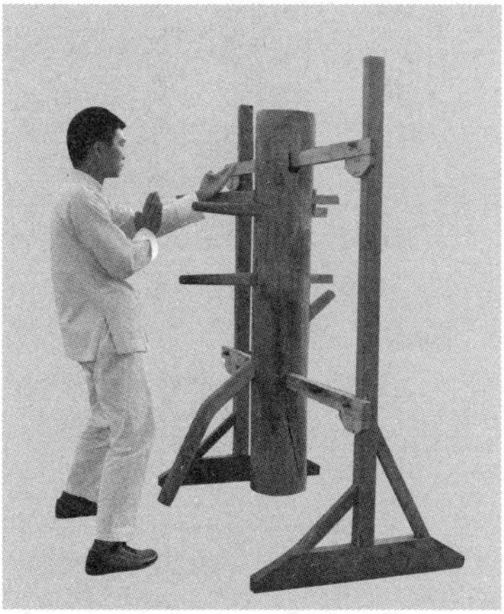

图3-468

图3-469

4. 右膀手

上动不停，身体仍保持左侧身钳羊马姿势不变；右手变膀手，轻快地格击木人桩的右桩手内侧，左手成护手姿势立于右手肘关节内侧；目视桩身（图 3-470）。

5. 右圈马/左横掌/右摊手

上动不停，右脚移步从左脚内侧经过落于桩脚右下方，右膝贴在桩脚右侧位置上，身体成右侧身钳羊马姿势；同时，右手贴住右桩手，由内侧位置绕到外侧后变为摊手，左手变为横掌击打木人桩的中部右侧位置；手脚同步动作，协调一致；目视桩身（图 3-471）。

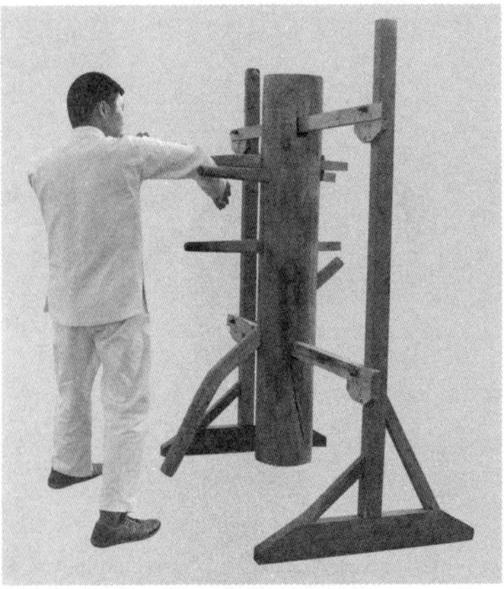

图 3-470

图 3-471

6. 上下耕手

上动不停，将右脚撤回于原来站立的位置，身体右转成右侧身钳羊马。左手变为上耕手轻击右桩手外侧，右手成下耕手向下格击低桩手右侧；目视桩身（图 3-472）。

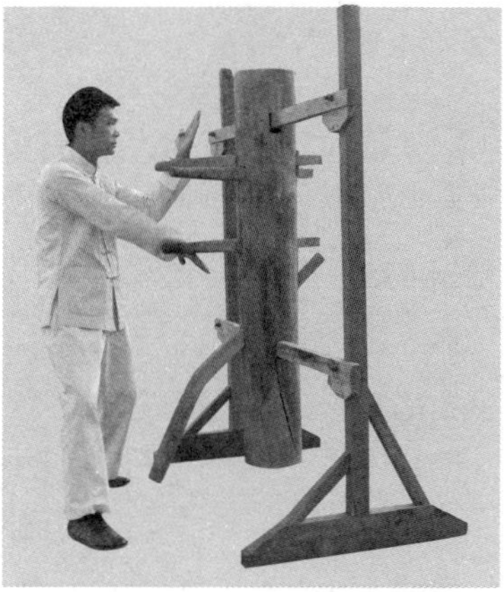

图 3–472

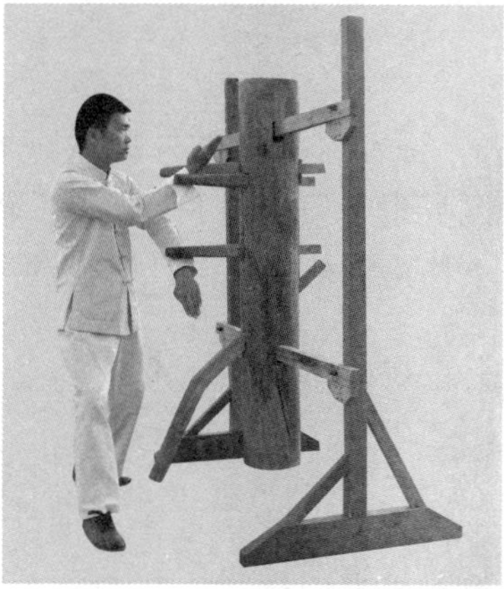

图 3–473

7. 右摊 / 左低膀手

上动不停，身体继续保持右侧身钳羊马姿势，右手变为摊手格击左桩手内侧，左手变为低膀手格击低桩手右侧；目视桩身（图 3–473）。

8. 左圈马 / 右横掌 / 左摊手

上动不停，左脚移步从右脚内侧经过落于桩脚左下方，左膝贴在桩脚左侧位置上，身体成左侧身钳羊马姿势。同时，左手变为摊手格击左桩手外侧，右手变为横掌击打木人桩的中部左侧位置；目视桩身（图 3–474）。

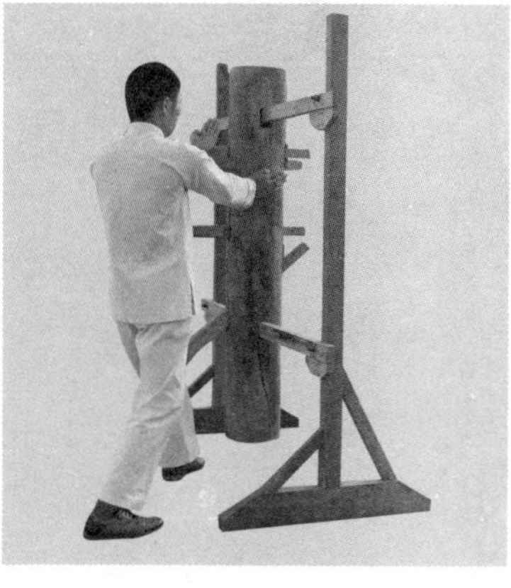

图 3–474

9. 耕拦手

上动不停，将左脚撤回于原来站立的位置，身体左转成左侧身钳羊马。右手变为拍手轻击左桩手外侧，左手成下耕手向下格击低桩手左侧；目视桩身（图 3–475）。

10. 右伏手/左枕手

上动不停，身体右转恢复到正身二字钳羊马的姿势。右手腕内屈变成伏手置于左桩手上，左手变为枕手格击右桩手外侧；目视桩身（图 3–476）。

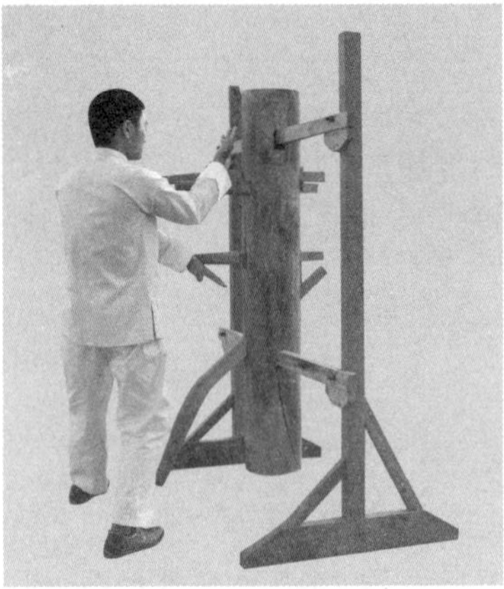

图 3–475

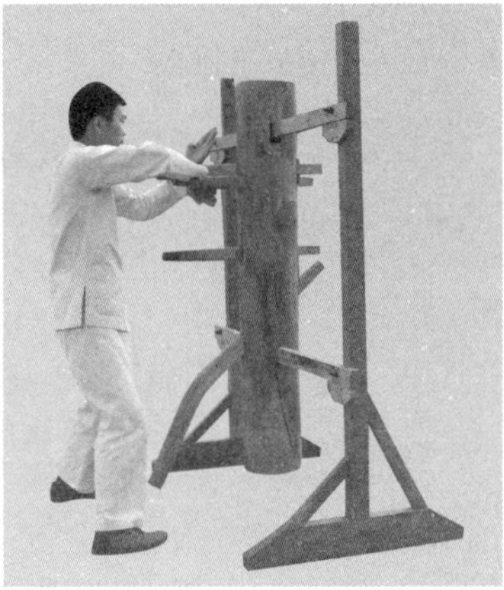

图 3–476

11. 左窒手/右印掌

上动不停，仍以二字钳羊马站立，左手前臂略内旋，变为窒手稍加用力下压右桩手，右手变成印掌姿势沿中线击打桩身正上方位置；目视桩身（图 3–477）。

图 3–477

12. 双窒手

上动不停，仍以二字钳羊马站立，双手变为窒手，同时向下以寸劲下压左右桩手；目视桩身（图 3–478）。

13. 双托手

上动不停，仍以二字钳羊马站立，双手贴住桩手由上方位置绕至桩手下方，同时以托手姿势上托左右桩手；目视桩身（图 3–479）。

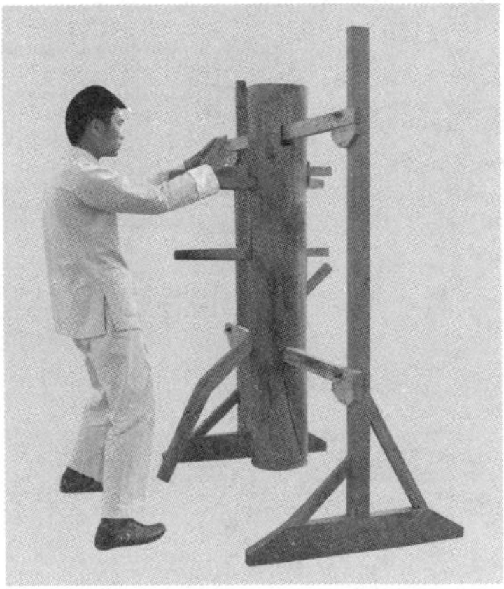

图 3–478

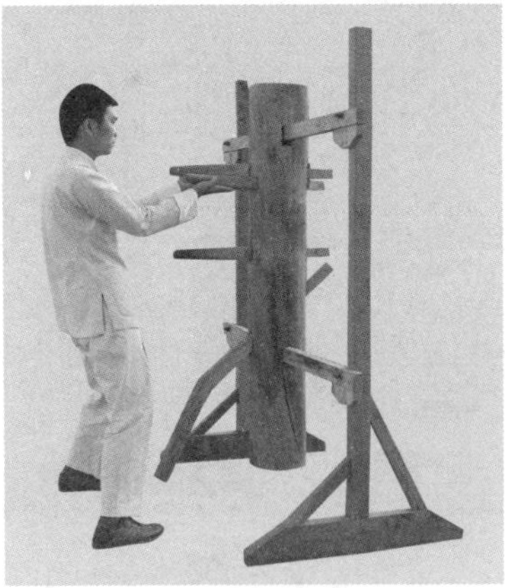

图 3–479

第二节

14. 右摊手

上动不停，仍以二字钳羊马站立，右摊手略前伸格击左桩手内侧，左手保持护手姿势不变护于胸前；目视桩身（图 3–480）。

15. 左攀颈手

上动不停，左手贴住木人桩，由木人桩上方的前侧绕至后侧，变为勾手攀住木人桩的后侧短促用力回钩；同时身体右转成右侧身钳羊马，右手变为攦手轻握住左桩手稍用力回拉；目视桩身（图 3–481）。

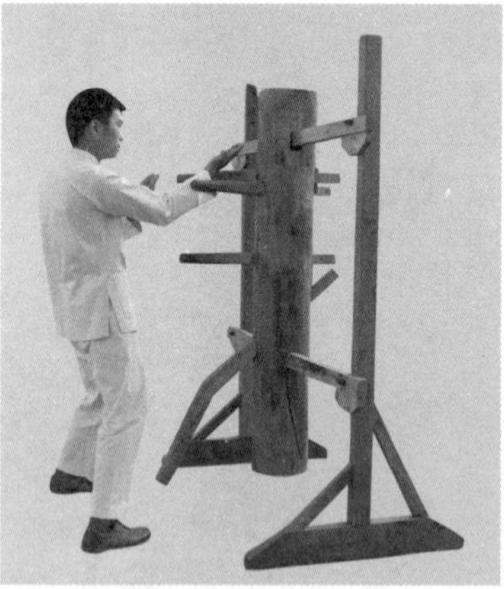

图 3–480

图 3–481

16. 左膀手

上动不停，身体仍保持右侧身钳羊马姿势不变。左手变膀手，轻快地格挡木人桩的左桩手内侧，右手成护手姿势立于胸前；目视桩身（图 3–482）。

17. 左圈马 / 右横掌 / 左摊手

上动不停，左脚移步从右脚内侧经过落于桩脚左下方，左膝贴在桩脚左侧位置，身体成左侧身钳羊马姿势；同时，左手贴住左桩手，由内侧位置绕道外侧后变为摊手，右手变为横掌击打木人桩的中部左侧位置；手脚同步动作，协调一致；目视桩身（图 3–483）。

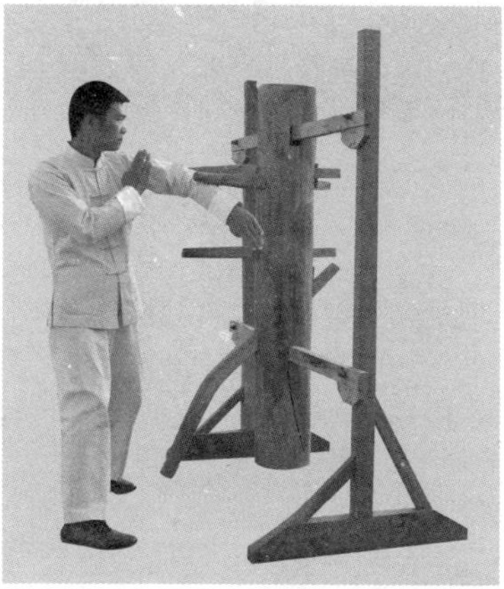

图 3–482

图 3–483

18. 耕拦手

上动不停，将左脚撤回于原来站立的位置，身体左转成左侧身钳羊马。右手变为拍手轻击左桩手外侧，左手成下耕手向下格击低桩手左侧；目视桩身（图 3–484）。

19. 左摊 / 右低膀手

上动不停，身体继续保持左侧身钳羊马姿势，左手变为摊手格击右桩手内侧，右手变为膀手格击低桩手左侧；目视桩身（图 3–485）。

图 3–484

图 3–485

20. 右圈马 / 左横掌 / 右摊手

上动不停，右脚移步从左脚内侧经过落于桩脚右下方，右膝贴在桩脚右侧位置，身体成右侧身钳羊马姿势；同时，右手变为摊手格击右桩手外侧，左手变为横掌击打木人桩的右侧中部位置；目视桩身（图 3–486）。

图 3–486

21. 耕拦手

上动不停，将右脚撤回于原来站立的位置，身体右转成右侧身钳羊马。左手变为拍手轻击右桩手外侧，右手成下耕手向下格击低桩手右侧；目视桩身（图 3–487）。

22. 左伏手 / 右枕手

上动不停，身体左转恢复到正身二字钳羊马的姿势。左手腕内屈变成伏手置于右桩手上，右手变为枕手格击左桩手外侧；目视桩身（图 3–488）。

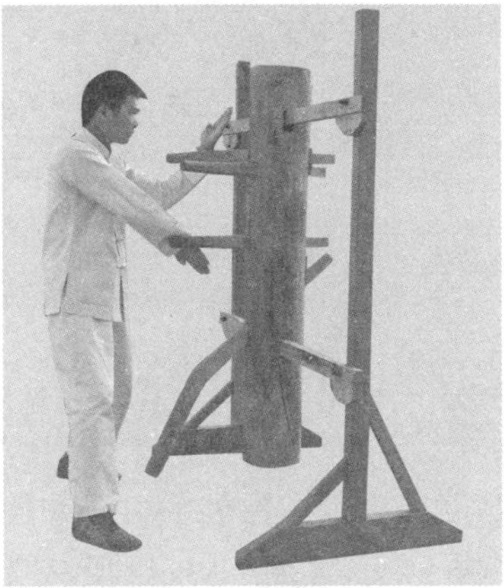

图 3–487

图 3–488

23. 右窒手/左横掌

上动不停，仍以二字钳羊马站立，右手前臂略内旋，变为窒手稍加用力下压左桩手，左手变成横掌姿势沿中线击打桩身正中位置；目视桩身（图 3–489）。

24. 双窒手

上动不停，仍以二字钳羊马站立，双手变为窒手，同时向下以寸劲下压左右桩手；目视桩身（图 3–490）。

图 3–489

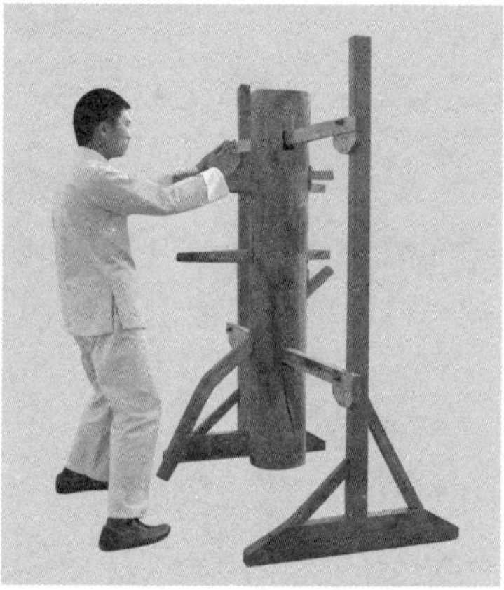

图 3–490

25. 双托手

上动不停，仍以二字钳羊马站立，双手贴住桩手由上方位置绕至桩手下方，同时以托手姿势上托左右桩手；目视桩身（图 3–491）。

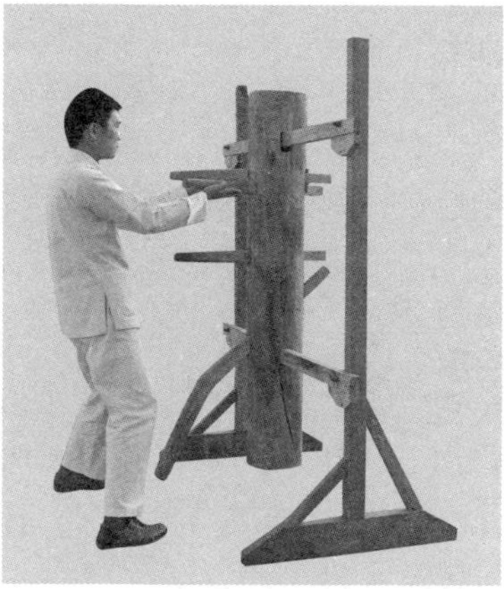

图 3–491

第三节

26. 右内门拍手

上动不停，仍以二字钳羊马站立，以腰胯之力催动右手掌根拍击右桩手内侧，左掌收回变为护手立于胸前；目视桩身(图 3–492)。

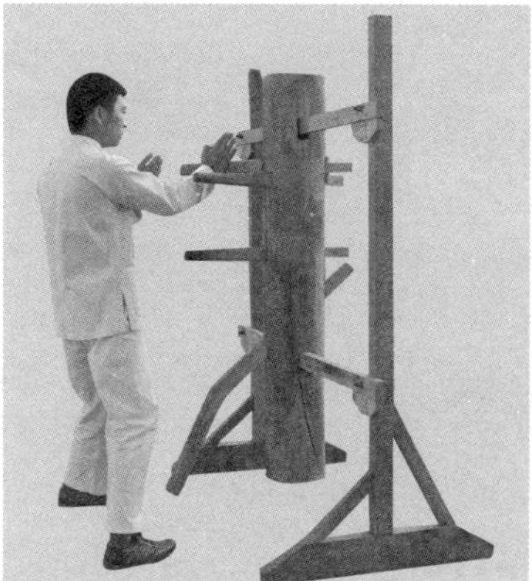

图 3–492

27. 左内门拍手

上动不停，仍以二字钳羊马站立，以腰胯之力催动左手掌根拍击左桩手内侧，右掌收回变为护手立于胸前；目视桩身（图 3–493）。

28. 右内门拍手

上动不停，仍以二字钳羊马站立，以腰胯之力催动右手掌根拍击右桩手内侧，左掌收回变为护手立于胸前；目视桩身（图 3–494）。

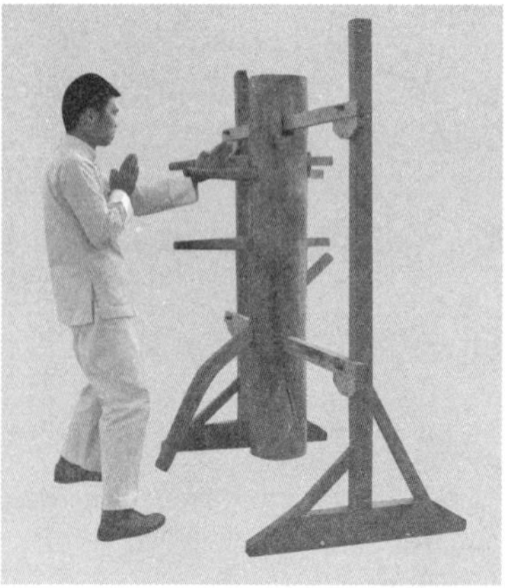

图 3–493

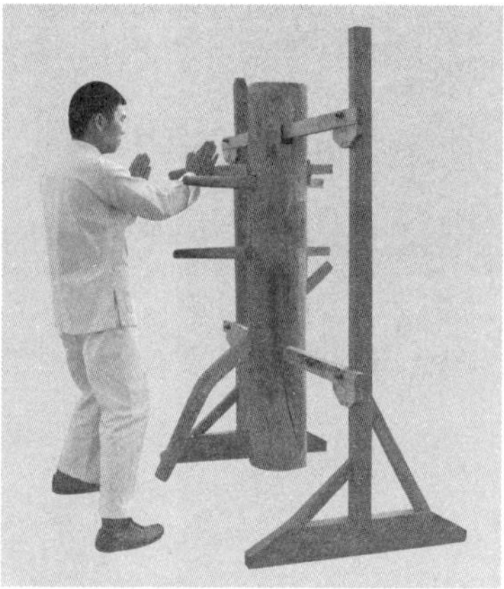

图 3–494

29. 左外门拍手

上动不停，仍以二字钳羊马站立，身体微向右转马，以腰胯之力催动左手掌根拍击右桩手外侧，右掌收回变为护手立于胸前；目视桩身（图 3–495）。

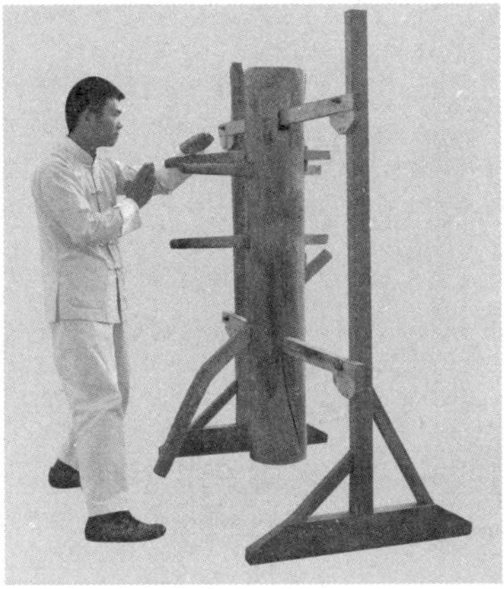

图 3-495

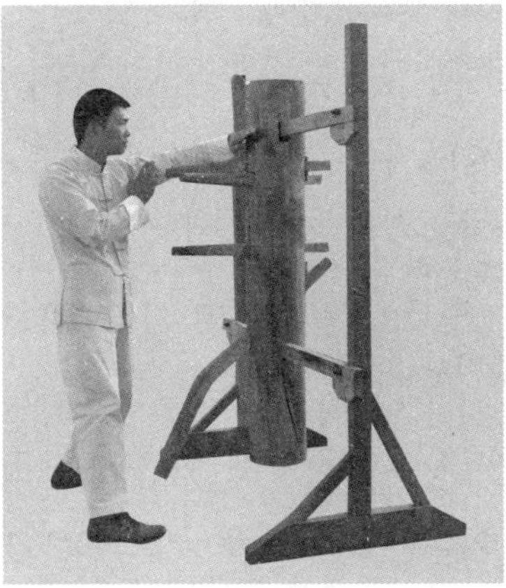

图 3-496

30. 左杀颈手

上动不停，仍以二字钳羊马站立，身体微向右转马，将左手变为砍掌沿中线击打木人桩正上方位置，右掌仍以护手立于胸前；目视桩身（图 3-496）。

31. 左窒手 / 右低冲拳

上动不停，身体左转成正身二字钳羊马站立，左手变为窒手略施力下压右桩手，同时，右手成日字冲拳直线击打木人桩中部位置；目视桩身（图 3-497）。

图 3-497

32. 右外门拍手

上动不停，仍以二字钳羊马站立，身体微向左转马，右手变拳为掌，以腰胯之力催动右手掌根拍击左桩手外侧，左掌收回变为护手立于胸前；目视桩身（图 3–498）。

33. 右杀颈手

上动不停，仍以二字钳羊马站立，身体微向左转马，将右手变为砍掌沿中线击打木人桩正上方位置，左掌仍以护手立于胸前；目视桩身（图 3–499）。

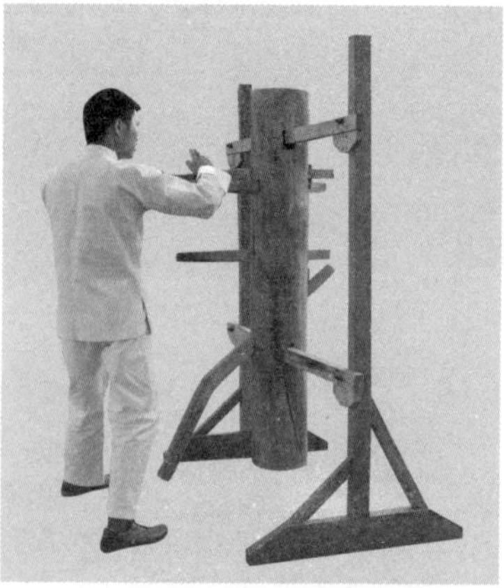

图 3–498

图 3–499

34. 右窒手 / 左低冲拳

上动不停，身体右转成正身二字钳羊马站立，右手变为窒手略施力下压左桩手，同时，左手成日字冲拳击打木人桩中部位置；目视桩身（图 3–500）。

35. 双托手

上动不停，仍以二字钳羊马站立，双手成掌以肘底力从下向上轻托左右桩手；目视桩身（图 3–501）。

36. 右低膀手

上动不停，身体左转成左侧身钳羊马，右手以低位膀手格击低桩手左侧，左手成护手姿势立于胸前；目视桩身（图 3–502）。

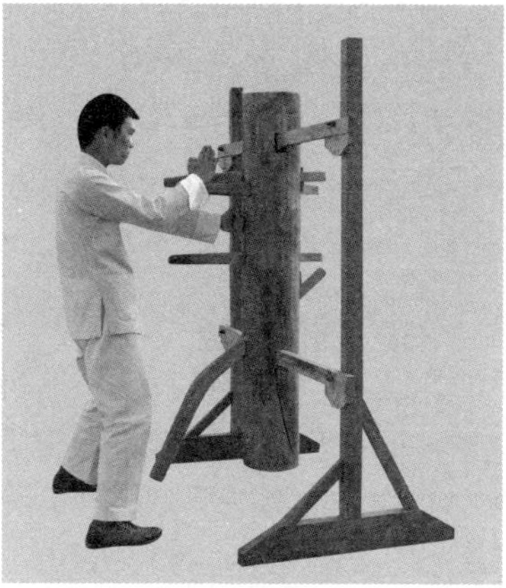

图 3–500

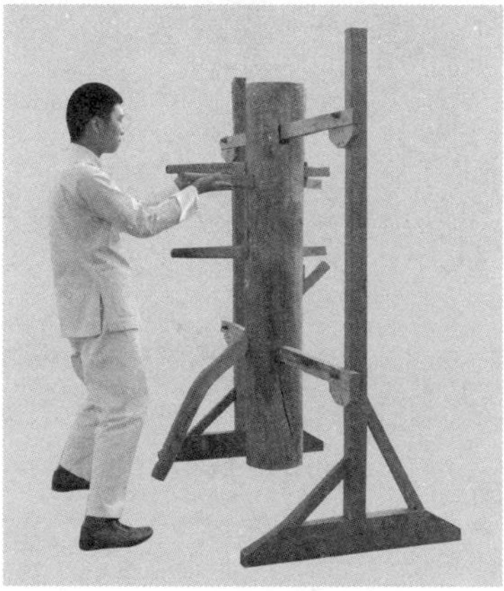

图 3–501

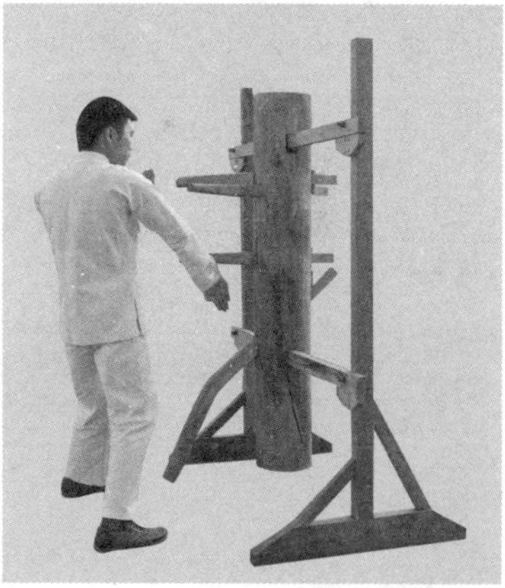

图 3–502

37. 左拍手/右问手

上动不停，右脚移步从左脚内侧经过落于桩脚右下方，右膝贴在桩脚右侧位置，身体成右侧身钳羊马姿势；同时，左手拍击右桩手外侧，右手则外翻以掌根砍击木人桩上部右侧位置；目视桩身（图 3–503）。

38. 右侧撑腿

上动不停，身体重心落于左脚，右脚提起以侧撑腿踢击木人桩中部右侧位置；同时，右手成膀手姿势，左手成护手立于右手肘关节内侧；目视桩身（图 3–504）。

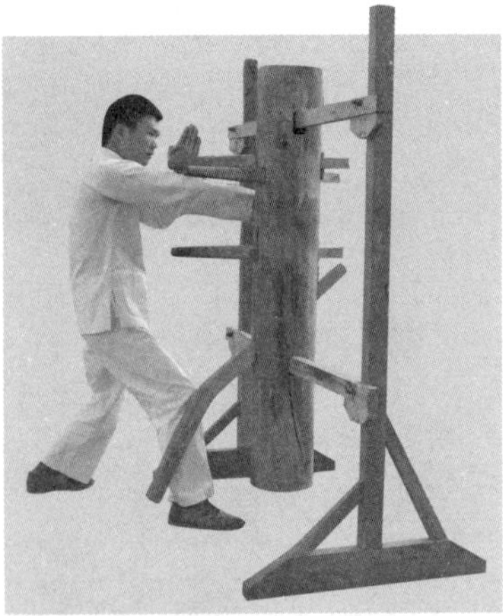

图 3–503

图 3–504

39. 左低膀手

上动不停，右脚落回原位置，身体右转成右侧身钳羊马，左手以低位膀手格击低桩手右侧，右手成护手姿势立于胸前；

目视桩身（图 3–505）。

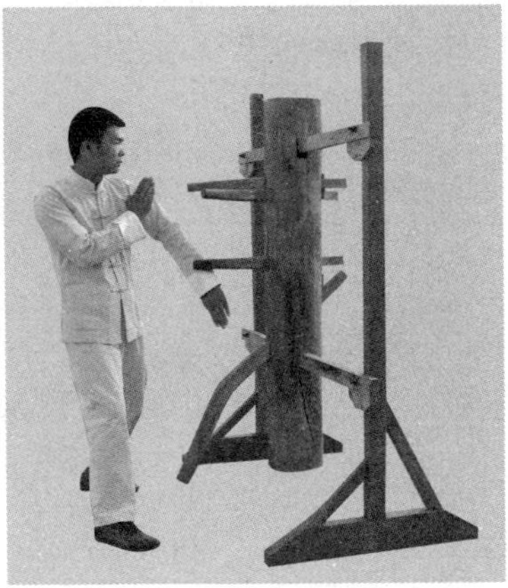

图 3–505

40. 右拍手 / 左问手

上动不停，左脚移步从右脚内侧经过落于桩脚左下方，左膝贴在桩脚右侧位置，身体成左侧身钳羊马姿势；同时，右手拍击左桩手外侧，左手外翻以掌根砍击木人桩上部左侧位置；目视桩身（图 3–506）。

41. 左侧撑腿

上动不停，身体重心落于右脚，左脚提起以侧撑腿踹击木人桩中部左侧位置；同时，左手成膀手姿势，右手成护手立于左手肘关节内侧胸前；目视桩身（图 3–507）。

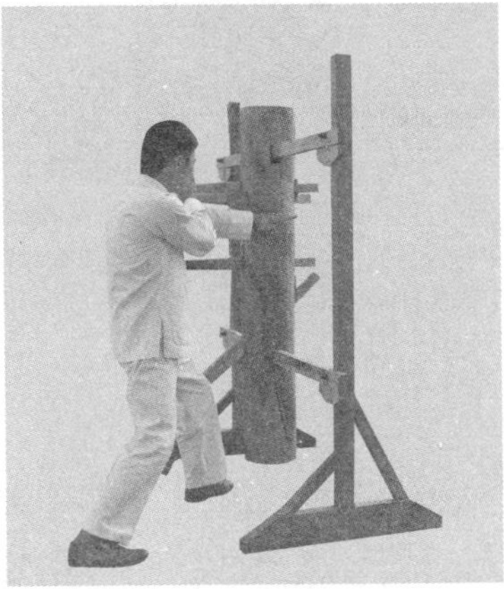

图 3–506

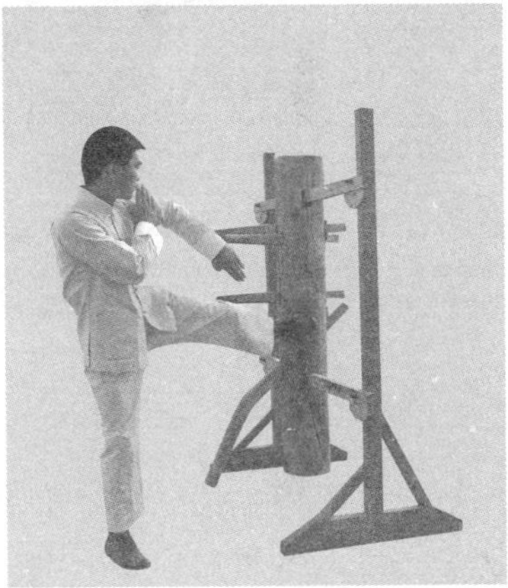

图 3–507

42. 耕拦手

上动不停，左脚落回原位置，身体左转成左侧身钳羊马，左手以下耕手格击木人桩低桩手左侧，右手以拍手格击左桩手外侧；目视桩身（图 3–508）。

43. 右伏手 / 左枕手

上动不停，身体右转恢复到正身二字钳羊马的姿势，右手腕内屈变成伏手置于左桩手上，左手变为枕手格击右桩手外侧；目视桩身（图 3–509）。

图 3–508

图 3–509

44. 左窒手 / 右印掌

上动不停，仍以二字钳羊马站立，左手从右桩手下方绕至上方，变为窒手略施力下压右桩手，同时，右手成印掌击打木人桩上部正中位置；目视桩身（图 3–510）。

图 3–510

第四节

45. 双摊手

上动不停，仍以二字钳羊马站立，双手变为摊手姿势，分别置于左右桩手外侧；目视桩身（图 3–511）。

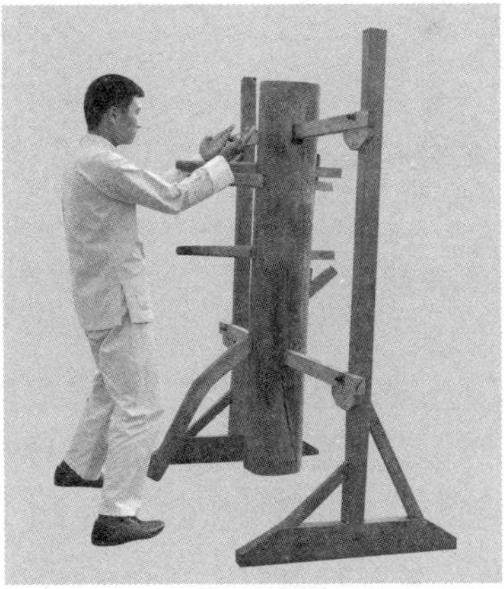

图 3–511

46. 圈 手

上动不停，仍以二字钳羊马站立，两手腕内屈，以圈手动作，从中右桩手的外侧绕至内侧；目视桩身（图 3–512）。

47. 双横掌

上动不停，仍以二字钳羊马站立，双手从木人桩左右桩手内侧经过，同时以横掌动作击打木人桩中部位置；目视桩身（图 3–513）。

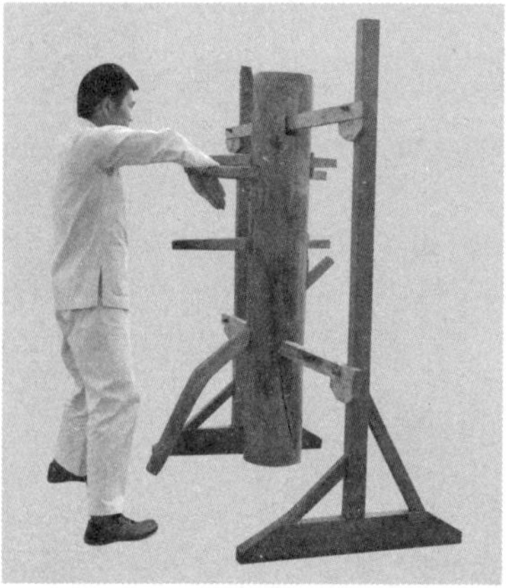

图 3–512

图 3–513

48. 双外摊手

上动不停，仍以二字钳羊马站立，两手同时变成摊手格击左右桩手内侧位置；目视桩身（图 3–514）。

49. 打眼手

上动不停，仍以二字钳羊马站立，双臂贴住左右桩手，双手同时从左右桩手内侧经过，以横掌动作击打木人桩上部位置；目视桩身（图 3–515）。

图 3–514

50. 双窒手

上动不停，仍以二字钳羊马站立，双手同时变成窒手动作下压木人桩左右桩手；目视桩身（图 3–516）。

图 3–515

图 3–516

51. 左枕手 / 右伏手

上动不停，仍以二字钳羊马站立，在双手贴住左右桩手的前提下，右手腕内屈变成伏手置于左桩手上，左手变成枕手由外向内格击木人桩右桩手外侧；目视桩身（图 3–517）。

52. 右枕手 / 左伏手

上动不停，仍以二字钳羊马站立，在双手贴住左右桩手的前提下，左手腕内屈变成伏手置于右桩手上，右手变成枕手由外向内格击木人桩左桩手外侧；目视桩身（图 3–518）。

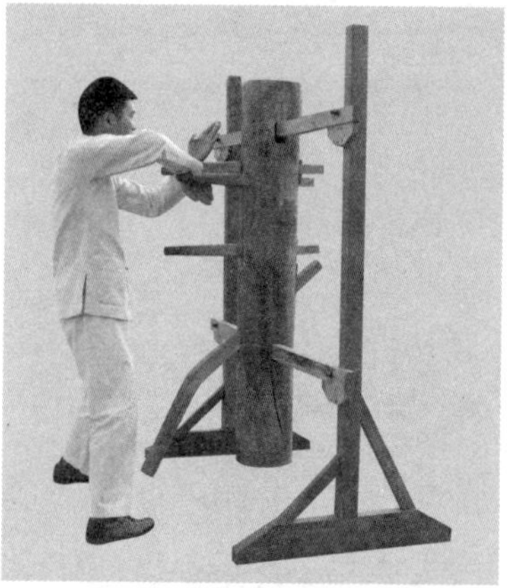

图 3–517

图 3–518

53. 左枕手 / 右伏手

上动不停，仍以二字钳羊马站立，在双手贴住左右桩手的前提下，右手腕内屈变成伏手置于左桩手上，左手变成枕手由外向内格击木人桩右桩手外侧；目视桩身（图 3–519）。

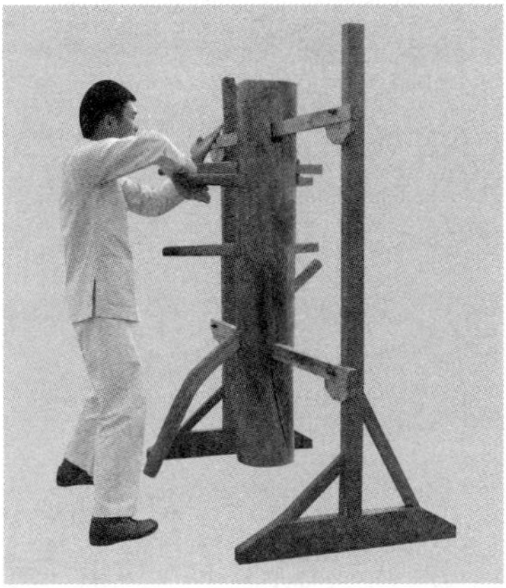

图 3–519

54. 左窒手 / 右印掌

上动不停，仍以二字钳羊马站立，左手前臂略内旋，变为窒手稍加用力下压右桩手，右手变成印掌姿势沿中线击打桩身正中位置；目视桩身（图 3–520）。

55. 右膀手

上动不停，身体左转成左侧身钳羊马，右手成膀手格击右桩手内侧，左手收回成护手立于胸前；目视桩身（图 3–521）。

图 3–520

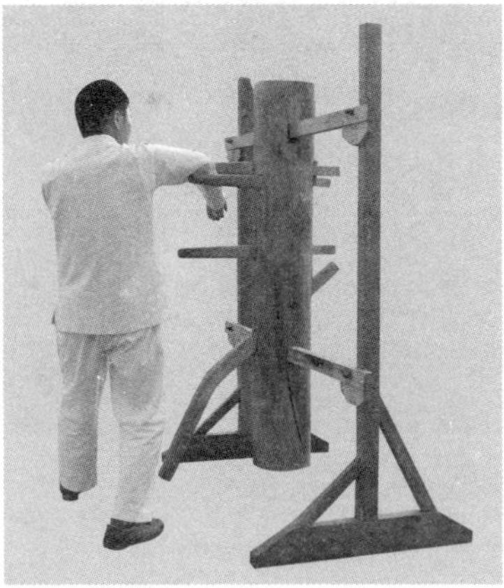

图 3–521

56. 右脚踩膝 / 右摊手 / 左横掌

上动不停，身体右转，身体重心落于左脚，右脚抬起以正踢腿动作踢击木人桩的桩脚；同时，右手贴住右桩手，从右桩手下方绕过，变成摊手格击右桩手外侧，左手则变成横掌击打木人桩中部右侧位置；目视桩身（图 3–522）。

57. 耕拦手

上动不停，左脚落回原位置，身体右转成右侧身钳羊马，右手以耕手格击木人桩低桩手右侧，左手以拍手格击右桩手外侧；目视桩身（图 3–523）。

图 3–522

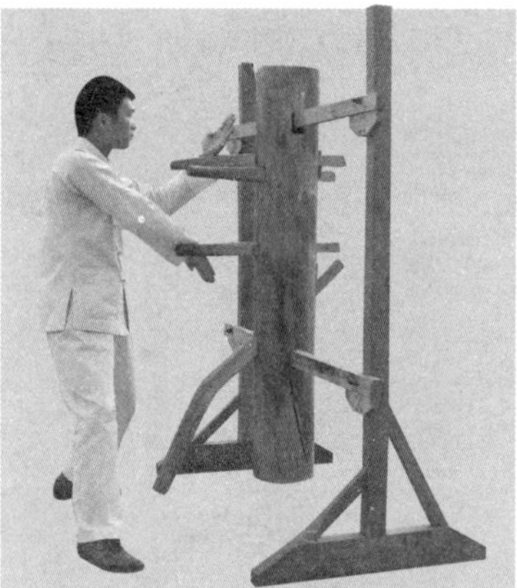

图 3–523

58. 右枕手 / 左伏手

上动不停，身体左转成正身钳羊马站立；同时，左手腕内屈变成伏手置于右桩手上，右手则上移至左桩手外侧，变成枕手由外向内格击木人桩左桩手外侧；目视桩身（图 3-524）。

59. 左枕手 / 右伏手

上动不停，身体仍以正身二字钳羊马站立，在双手贴住左右桩手的前提下，右手腕内屈变成伏手置于左桩手上，左手变成枕手由外向内格击木人桩右桩手外侧；目视桩身（图 3-525）。

图 3-524

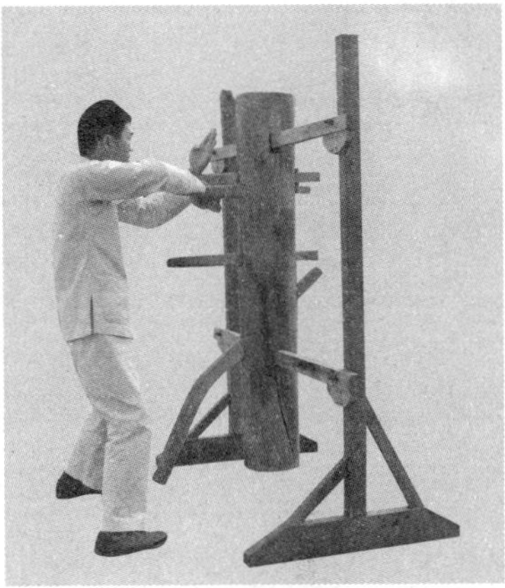

图 3-525

60. 右枕手 / 左伏手

上动不停，身体仍以正身二字钳羊马站立，在双手贴住左右桩手的前提下，左手腕内屈变成伏手置于右桩手上，右手变成枕手由外向内格击木人桩左桩手外侧；目视桩身

(图3–526)。

图 3–526

61. 右窒手/左横掌

上动不停，身体仍以正身二字钳羊马站立，右手前臂略外旋，变为窒手稍加用力下压左桩手，左手变成横掌姿势沿中线击打桩身正中位置。目视桩身(图 3–527)。

62. 左膀手

上动不停，身体右转成右侧身钳羊马，左手成膀手格击左桩手内侧，右手成护手立于胸前；目视桩身（图 3–528)。

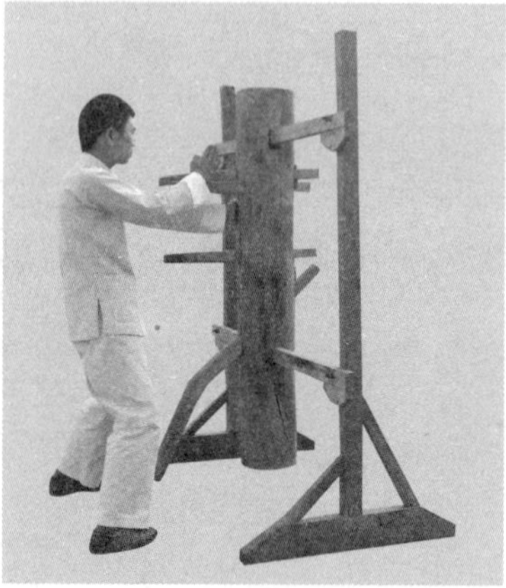

图 3–527

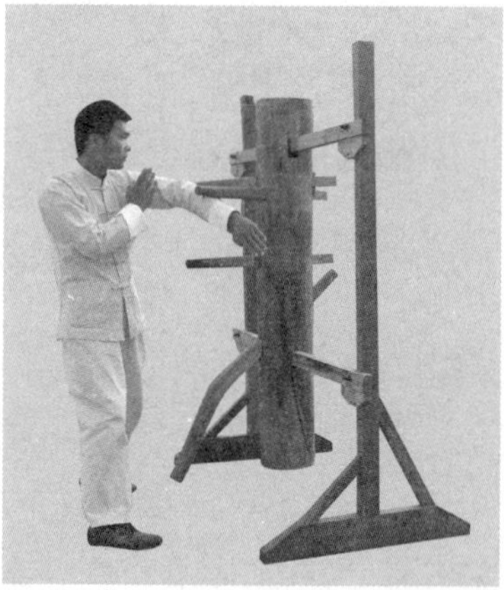

图 3–528

63. 左脚踩膝 / 左摊手 / 右横掌

上动不停，身体左转，身体重心落于右脚，左脚抬起以正踢腿动作踢击木人桩的桩脚；同时，左手贴住左桩手，从左桩手下方绕过，变成摊手格击左桩手外侧，右手变成横掌击打木人桩中部左侧位置；目视桩身（图 3–529）。

64. 耕拦手

上动不停，左脚落回原位置，身体左转成左侧身钳羊马，左手以耕手格击木人桩低桩手左侧，右手以上拍手格击左桩手外侧；目视桩身（图 3–530）。

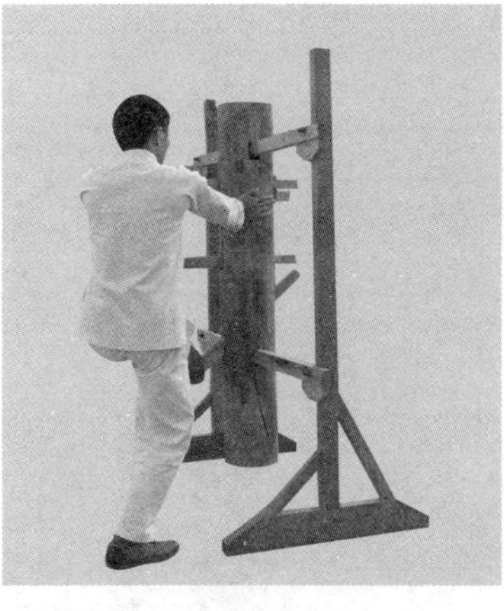

图 3–529

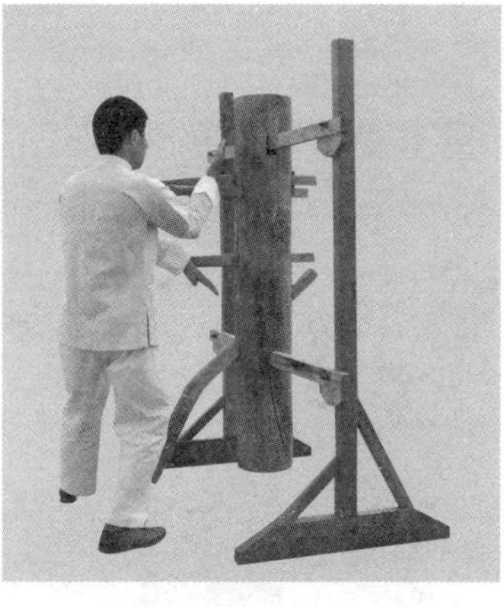

图 3–530

65. 右伏手 / 左托手

上动不停，身体右转成正身二字钳羊马站立，右手腕内屈变成伏手置于左桩手上，左手上移至右桩手下方，变成上托手由下向上轻托右桩手；目视桩身（图 3–531）。

图 3–531

66. 左窒手 / 右印掌

上动不停，身体以二字钳羊马站立，左手前臂略内旋，变为窒手稍加用力下压右桩手，右手变成印掌姿势沿中线击打桩身正上方位置；目视桩身（图 3–532）。

67. 双托手

上动不停，仍以二字钳羊马站立，双手贴住桩手由上方位置绕至桩手下方，同时以托手姿势上托左右桩手；目视桩身（图 3–533）。

图 3–532

图 3–533

第五节

68. 右内枕手

上动不停，仍以二字钳羊马站立，右手在肘底力的推动下以前臂向内格击木人桩右桩手，左掌成护手立于胸前；目视桩身（图 3–534）。

69. 右外枕手

上动不停，仍以二字钳羊马站立，右手伸展成掌，在肘底力的推动下以前臂格击左桩手内侧，左掌成护手立于胸前；目视桩身（图 3–535）。

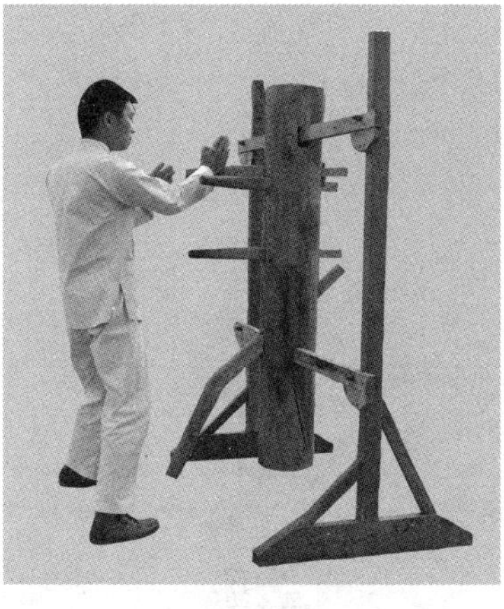

图 3–534

图 3–535

70. 右内枕手

上动不停，仍以二字钳羊马站立，右手再次在肘底力的推动下以前臂格击右桩手内侧，左掌仍成护手立于胸前；目视桩身（图 3–536）。

图 3–536

71. 左横掌 / 右伏手

上动不停，身体右转以右侧身二字钳羊马站立；同时，右手腕内屈变成伏手置于右桩手上，左手变成横掌击打木人桩中部右侧位置；目视桩身（图 3–537）。

72. 右摊手 / 左低膀手

上动不停，身体继续保持右侧身钳羊马姿势，右手腕展开变为摊手格击左桩手内侧，左手变为低膀手格击低桩手右侧；目视桩身（图 3–538）。

图 3–537

图 3–538

73. 正身抱排掌

上动不停，身体左转成正身二字钳羊马站立，右手成印掌，左手成底掌，右手在上，左手在下，重叠在一起，同时击打木人桩上部正中位置；目视桩身（图 3–539）。

74. 左膀手

上动不停，身体右转成右侧身二字钳羊马站立，左手成膀手格击左桩手内侧，右手成护手立于胸前；目视桩身（图 3–540）。

图 3–539

图 3–540

75. 左侧抱排掌

上动不停，左脚移步从右脚内侧经过落于桩脚左下方，左膝贴在桩脚左侧位置，身体成左侧身钳羊马姿势；同时，左手从左桩手下绕过变成印掌，右手成底掌，左手在上，右手在下，重叠在一起，击打木人桩左侧中部位置；目视桩身

（图 3–541）。

图 3–541

76. 耕拦手

上动不停，将左脚撤回于原来站立的位置，身体左转成左侧身钳羊马。右手变为拍手格击左桩手外侧，左手成下耕手向下格击低桩手左侧；目视桩身（图 3–542）。

77. 正身抱排掌

上动不停，身体右转成正身二字钳羊马站立；同时，右手做一内圈手从左桩手上绕过成印掌，左手成底掌，右手在上，左手在下，重叠在一起，同时击打木人桩上部正中位置；目视桩身（图 3–543）。

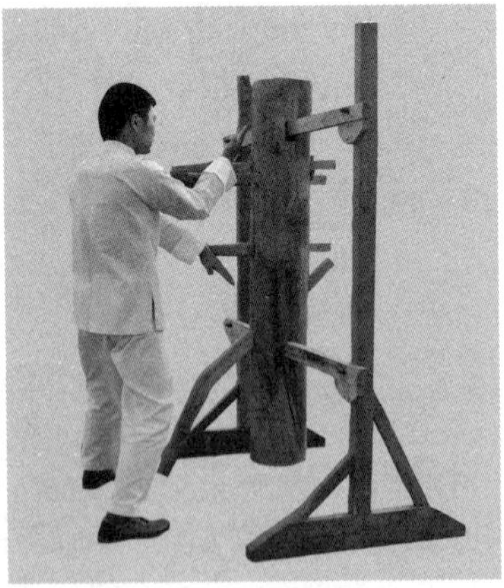

图 3–542

图 3–543

78. 右膀手

上动不停，身体左转成左侧身二字钳羊马站立，右手成膀手格击右桩手内侧，左手成护手立于胸前；目视桩身（图 3–544）。

79. 右侧抱排掌

上动不停，右脚移步从左脚内侧经过落于桩脚右下方，右膝贴在桩脚右侧位置，身体成右侧身钳羊马姿势；同时，左手成印掌，右手成底掌，左手在上，右手在下，重叠在一起，击打木人桩中部左侧位置；目视桩身（图 3–545）。

图 3–544

图 3–545

80. 耕拦手

上动不停，将右脚撤回于原来站立的位置，身体右转成右侧身钳羊马。左手变为拍手格击右桩手外侧，右手成下耕手向下格击低桩手右侧；目视桩身（图 3–546）。

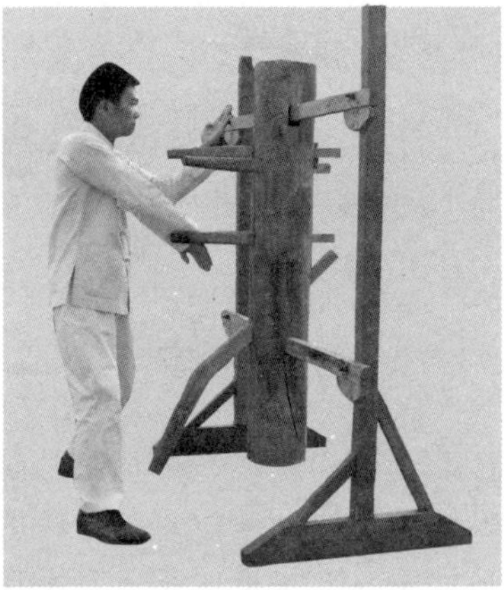

图 3–546

81. 右枕手 / 左伏手

上动不停，身体左转恢复到正身二字钳羊马的姿势。左手腕内屈变成伏手置于右桩手上，右手变为枕手格击左桩手外侧；目视桩身（图 3–547）。

82. 右窒手 / 左横掌

上动不停，仍以二字钳羊马站立，右手前臂略内旋，变为窒手稍加用力下压左桩手，左手变成横掌姿势沿中线击打桩身中部右侧位置；目视桩身（图 3–548）。

图 3–547

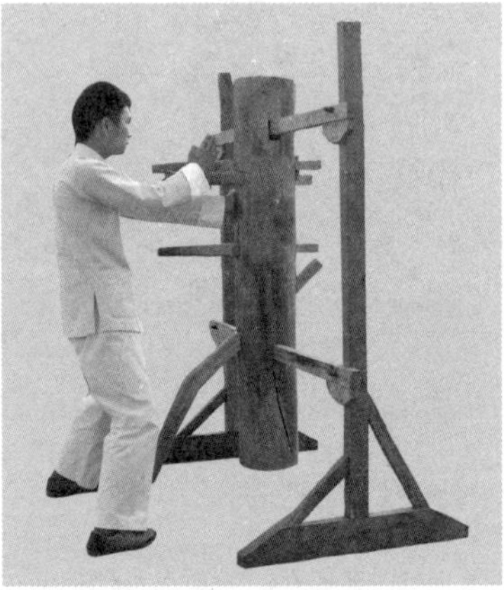

图 3–548

83. 双托手

上动不停，仍以二字钳羊马站立，双手贴住桩手由上方位置绕至桩手下方，同时以托手姿势上托左右桩手；目视桩身(图 3–549)。

图 3–549

第六节

84. 耕拦手

上动不停，身体左转成左侧身钳羊马；右手变为拍手轻击左桩手外侧，左手成下耕手向下格击低桩手左侧；目视桩身（图 3–550)。

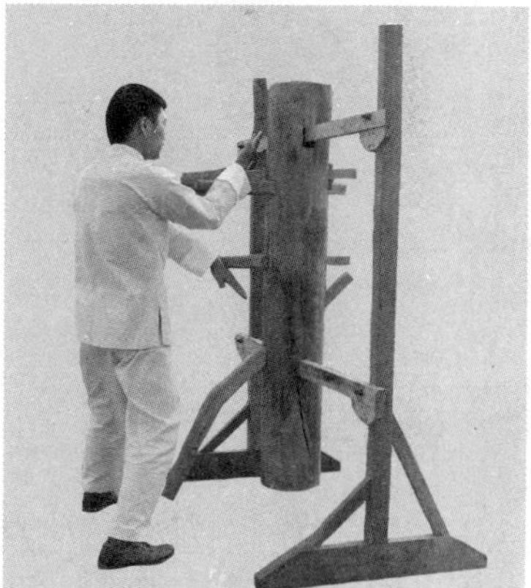

图 3–550

85. 耕拦手

上动不停，再将身体右转成右侧身钳羊马；右手以下耕手格击木人桩低桩手右侧，左手以拍手格击右桩手外侧；目视桩身（图 3–551）。

86. 右膀手

上动不停，身体左转成左侧身钳羊马；右手从下向上绕起变成膀手格击右桩手内侧，左手成护手立于胸前；目视桩身（图 3–552）。

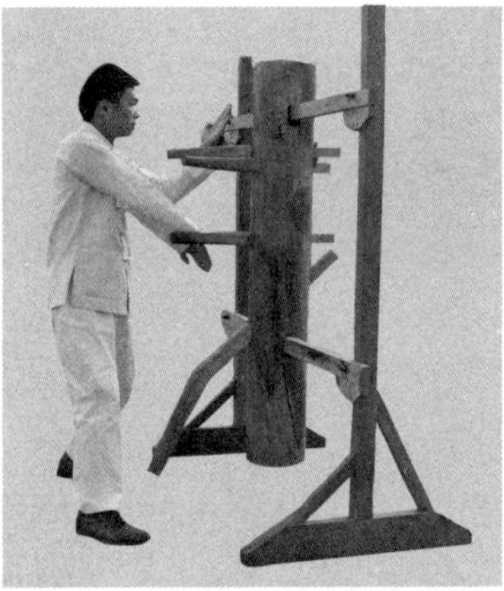
图 3–551

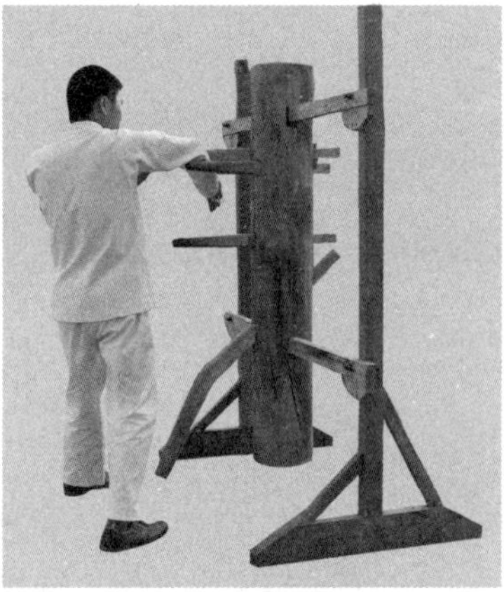
图 3–552

87. 右攋手 / 左砍掌

上动不停，身体右转成右侧身钳羊马；右手变为攋手握住右桩手向身体回拉；同时，左手掌心向下，手指向右，以掌外沿击打木人桩上部正中位置；目视桩身（图 3–553）。

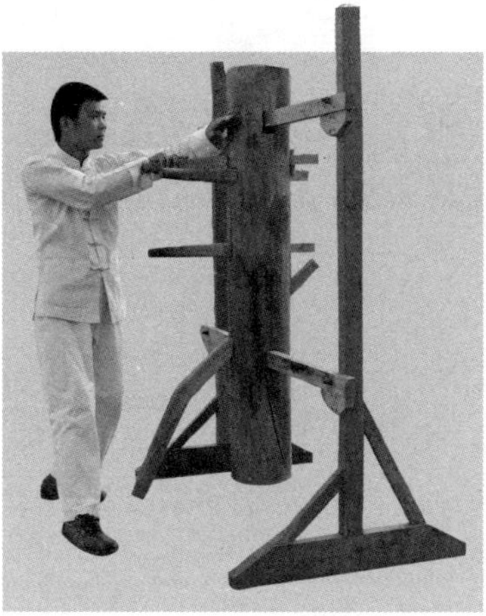

图 3–553

图 3–554

88. 左枕手 / 右砍掌

上动不停，身体左转成正身二字钳羊马站立；左手前臂略内旋，变为枕手由外向内格击右桩手，右手变成砍掌姿势沿中线击打桩身正上方位置；目视桩身（图 3–554）。

89. 左膀手

上动不停，身体右转成右侧身钳羊马姿势；左手变膀手，轻快地格挡木人桩的左桩手内侧，右手成护手姿势立于胸前；目视桩身（图3–555）。

图 3–555

90. 左攋手/右砍掌

上动不停，身体左转成左侧身钳羊马；左手变为攋手握住左桩手，同时，右手掌心向下、手指向左，以掌外沿击打木人桩上部正中位置；目视桩身（图 3-556）。

91. 右枕手/左砍掌

上动不停，身体右转成正身二字钳羊马站立；右手前臂略内旋，变为枕手由外向内格击右桩手，左手变成砍掌姿势沿中线击打桩身正上方位置；目视桩身（图 3-557）。

图 3-556

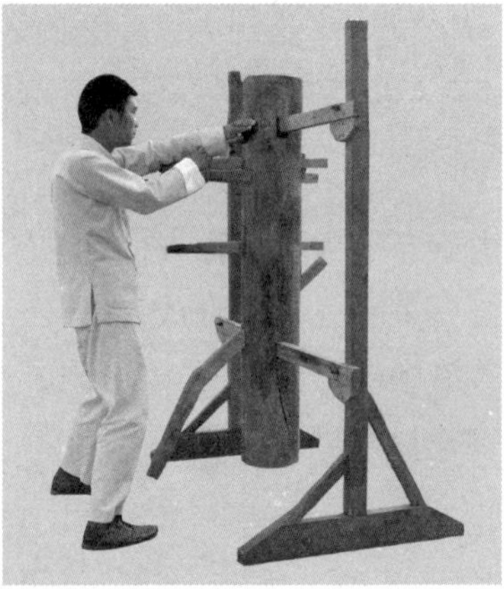

图 3-557

92. 右膀手

上动不停，身体左转成左侧身钳羊马姿势；右手变膀手，轻快地格挡木人桩的右桩手内侧，左手成护手姿势立于胸前；目视桩身（图 3-558）。

93. 左正踢腿 / 右摊手 / 左横掌

上动不停，右脚向左脚的方向上前一步，然后身体右转，身体重心落于右脚，左脚抬起以正踢腿动作踢击木人桩的桩身中部右侧位置；同时，右手贴住右桩手，从右桩手下方绕过，变成摊手格击右桩手外侧，左手变成横掌击打木人桩中部右侧位置；目视桩身（图 3-559）。

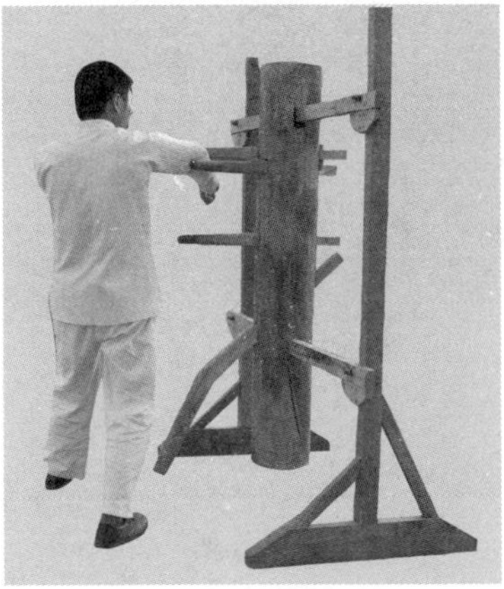

图 3-558

图 3-559

94. 左膀手

上动不停，左脚下落后，右脚撤回原位置，身体右转成右侧身钳羊马；左手成膀手格击左桩手内侧，右手成护手立于胸前；目视桩身（图 3-560）。

95. 右正踢腿 / 左摊手 / 右横掌

上动不停，左脚向右脚的方向上前一步，然后身体左转，身体重心落于左脚，右脚抬起以正踢腿动作踢击木人桩的桩身中部左侧位置；同时，左手贴住左桩手，从左桩手下方绕过，变成摊手格击左桩手外侧，右手变成横掌击打木人桩中部左侧位置；目视桩身（图 3-561）。

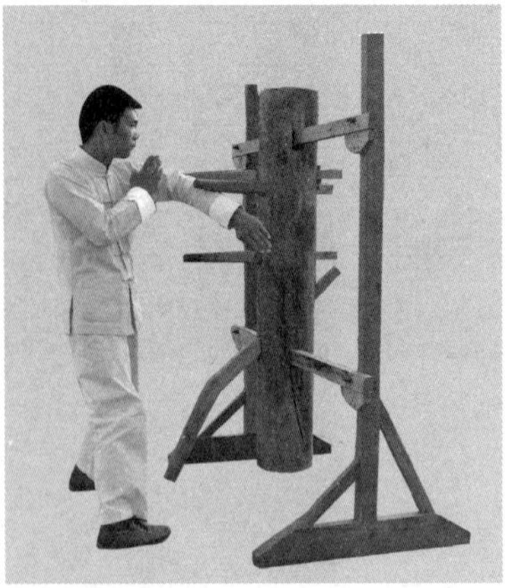

图 3-560

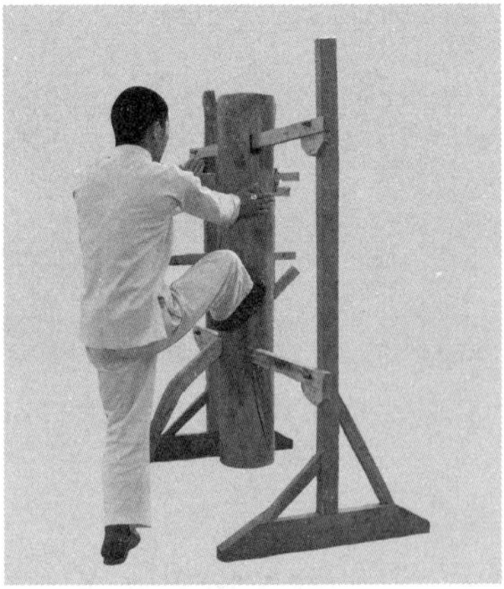

图 3-561

96. 耕拦手

上动不停，右脚下落后，左脚撤回原位置，身体左转成左侧身钳羊马；左手以耕手格击木人桩低桩手左侧，右手以拍手格击左桩手外侧；目视桩身（图 3-562）。

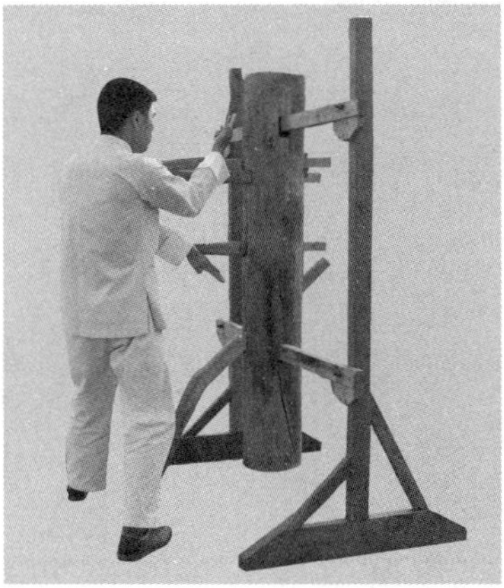

图 3–562

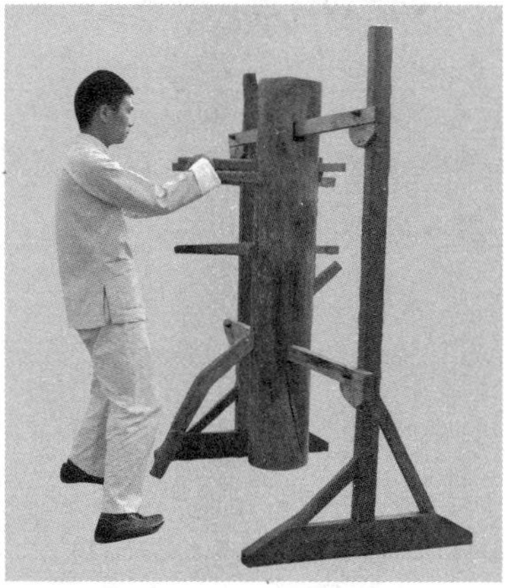

图 3–563

97. 右勾手 / 左托手

上动不停，身体右转成正身二字钳羊马站立；右手腕内屈变成伏手置于左桩手上，左手掌心向上由下向上轻托木人桩右桩手；目视桩身（图 3–563）。

98. 左窒手 / 右印掌

上动不停，身体以二字钳羊马站立；左手前臂略内旋，变为窒手稍加用力下压右桩手，右手变成印掌姿势沿中线击打桩身正上方位置；目视桩身（图 3–564）。

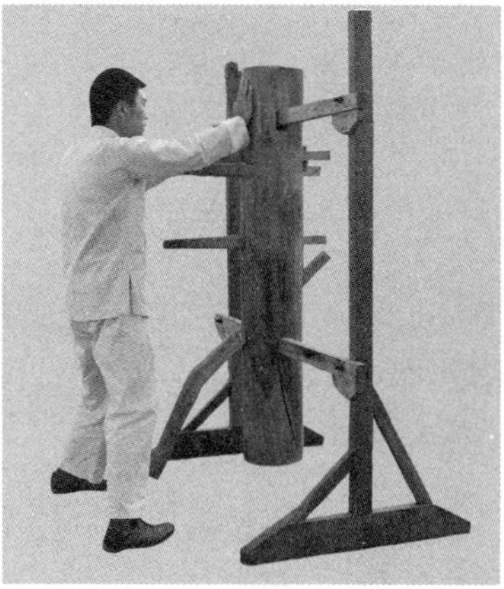

图 3–564

99. 双托手

上动不停，仍以二字钳羊马站立，双手贴住桩手由上方位置绕至桩手下方，同时以托手姿势上托左右桩手；目视桩身（图 3–565）。

图 3–565

第七节

100. 右低膀手

上动不停，身体左转成左侧身钳羊马；右手以低位膀手格击低桩手左侧，左手成护手姿势立于胸前；目视桩身（图 3–566）。

101. 左低膀手

上动不停，身体右转成右侧身钳羊马；左手以低位膀手

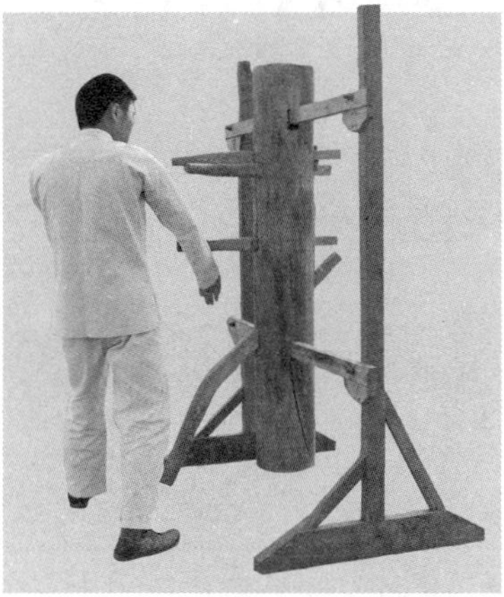

图 3-566

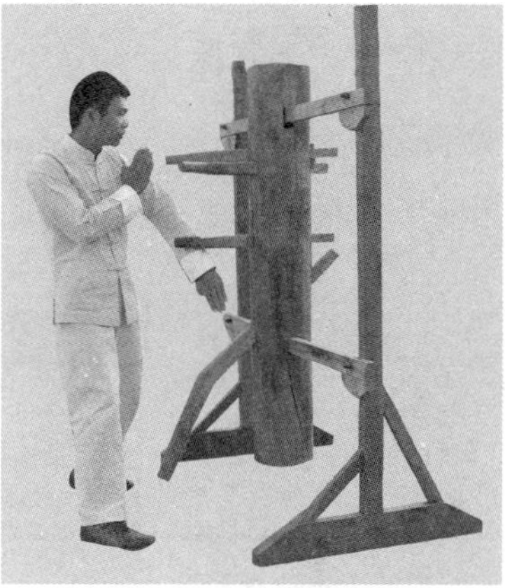

图 3-567

格击低桩手右侧，右手成护手姿势立于胸前；目视桩身（图 3-567）。

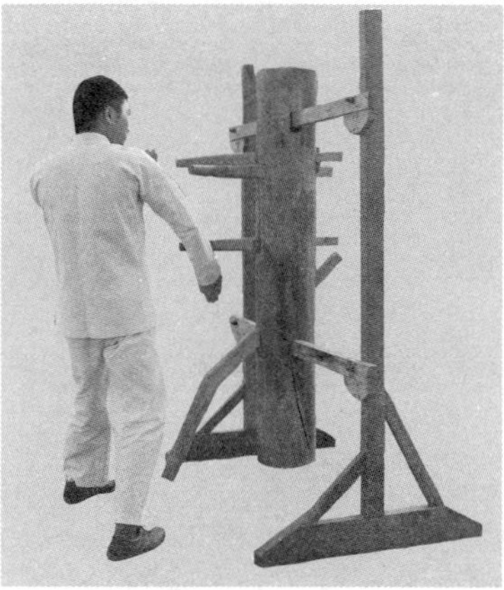

图 3-568

102. 右低膀手

上动不停，身体左转成左侧身钳羊马；右手以低位膀手格击低桩手左侧，左手成护手姿势立于胸前；目视桩身（图 3-568）。

103. 左正踢腿 / 右摊手

上动不停，身体重心落于右脚，左脚抬起以正踢腿动作踢击木人桩正面中部位置；同时右手成摊手格击左桩手内侧，左手成护手立于胸前；目视桩身（图 3–569）。

104. 左下踩腿

上动不停，左脚再以脚掌踩踏木人桩的桩脚，左手随即变为膀手，右手仍成护手立于胸前；目视桩身（图 3–570）。

图 3–569

图 3–570

105. 左低膀手

上动不停，左脚下落回原位置，身体右转成右侧身钳羊马；左手成低膀手格击低桩手右侧，右手成护手立于胸前；目视桩身（图 3–571）。

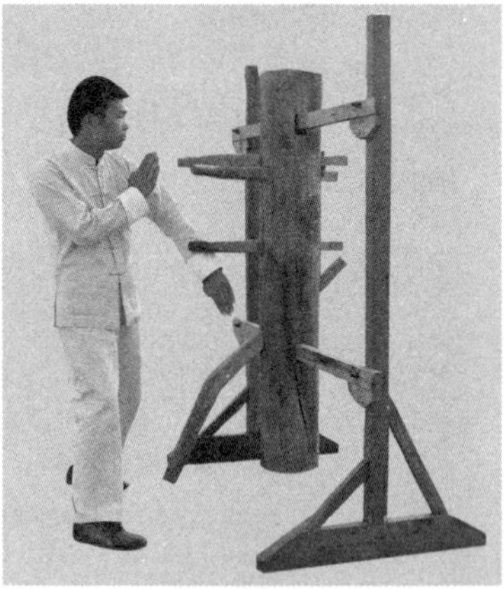

图 3–571

106. 右低膀手

上动不停，身体左转成左侧身钳羊马；右手以低位膀手格击低桩手左侧，左手成护手姿势立于胸前；目视桩身（图 3–572）。

107. 左低膀手

上动不停，身体右转成右侧身钳羊马；左手以低位膀手格击低桩手右侧，右手成护手姿势立于胸前；目视桩身（图 3–573）。

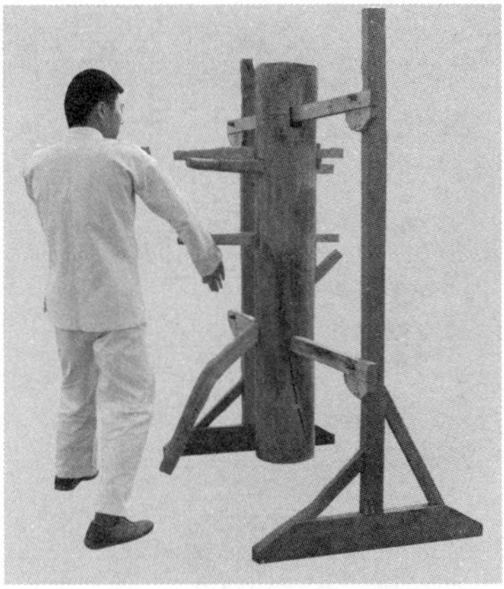

图 3–572

图 3–573

108. 右正踢腿 / 左摊手

上动不停，身体重心落于左脚，右脚抬起以正踢腿动作踢击木人桩正面中部位置；同时左手成摊手格击右桩手内侧，右手成护手立于胸前；目视桩身（图 3–574）。

图 3–574

109. 右下踩腿

上动不停，右脚再以脚掌踩踏木人桩的桩脚，右手变为膀手，左手则变成护手立于胸前；目视桩身（图 3–575）。

110. 右襟手

上动不停，右脚下落回原位置，身体左转成左侧身钳羊马；右手成襟手以掌根拍按低桩手左侧，左手成护手立于胸前；目视桩身（图 3–576）。

图 3–575

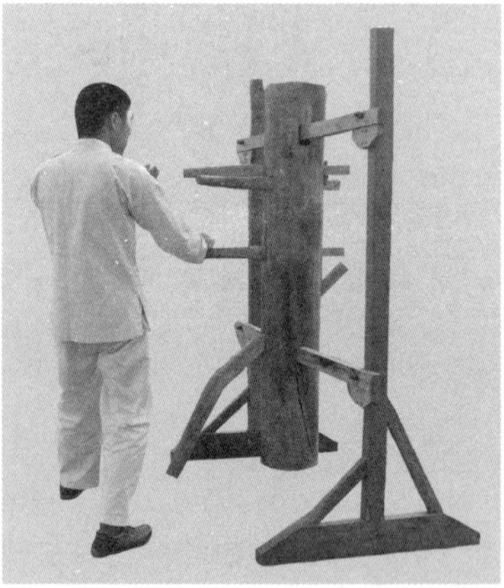

图 3–576

111. 左拍手/右横掌

上动不停，右脚移步从左脚内侧经过落于桩脚右下方，右膝贴在桩脚右侧位置，身体成右侧身钳羊马姿势；左手由外向内拍击右桩手外侧，右手成横掌沿中线击打木人桩中部位置；目视桩身（图 3–577）。

112. 左襟手

上动不停，右脚回撤到原位置，身体右转成右侧身钳羊马；左手成襟手以掌根拍按低桩手右侧，右手成护手立于胸前；目视桩身（图 3–578）。

图 3–577

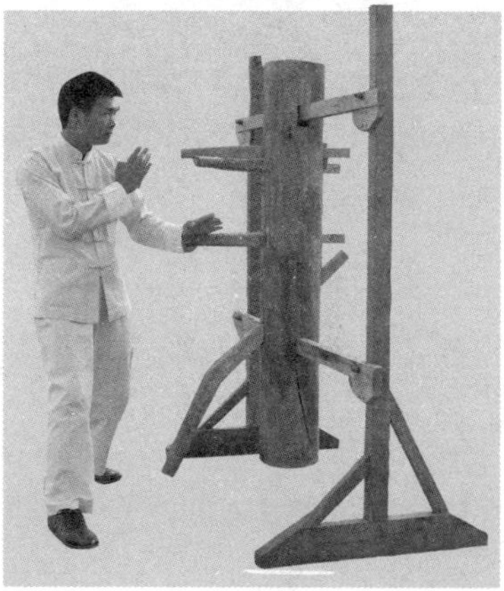

图 3–578

113. 右拍手/左横掌

上动不停，左脚移步从右脚内侧经过落于桩脚左下方，左膝贴在桩脚左侧位置，身体成左侧身钳羊马姿势；右手由外向内拍击左桩手外侧，左手成横掌沿中线击打木人桩中部位置；目视桩身（图 3–579）。

第八节

114. 右襟手

上动不停，左脚回撤到原位置，身体左转成左侧身钳羊马；右手成襟手以掌根拍按低桩手左侧，左手成护手立于胸前；目视桩身（图 3–580）。

图 3–579

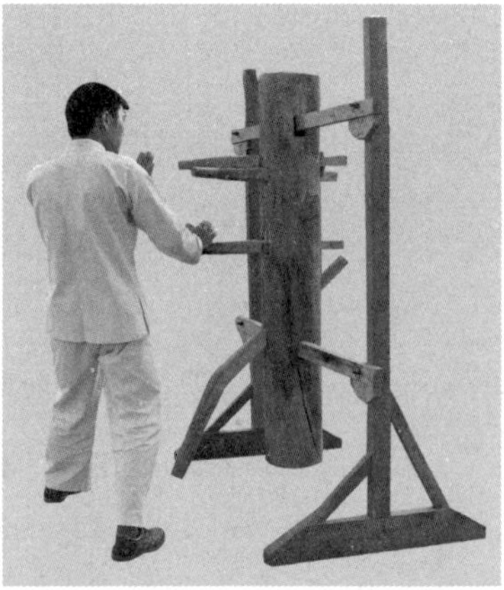

图 3–580

115. 左拍手 / 右正踢腿

上动不停，左手拍击右桩手外侧；同时，身体重心落于左脚，右脚抬起，以正踢腿动作踢击木人桩的桩脚；右手成护手姿势立于胸前；目视桩身（图 3–581）。

图 3–581

116. 左襟手

上动不停，右脚下落回原位置，身体右转成右侧身钳羊马；左手成襟手以掌根拍按低桩手右侧，右手成护手立于胸前；目视桩身（图 3–582）。

图 3–582

117. 右拍手/左正踢腿

上动不停，右手变成拍手拍击左桩手外侧；同时，身体重心落于右脚，左脚抬起，以正踢腿动作踢击木人桩的桩脚；左手成护手姿势立于胸前；目视桩身（图 3–583）。

118. 右膀手

上动不停，左脚下落回到原位置，身体左转成左侧身钳羊马；右手成膀手格击右桩手内侧，左手成护手立于胸前；目视桩身（图 3–584）。

图 3–583

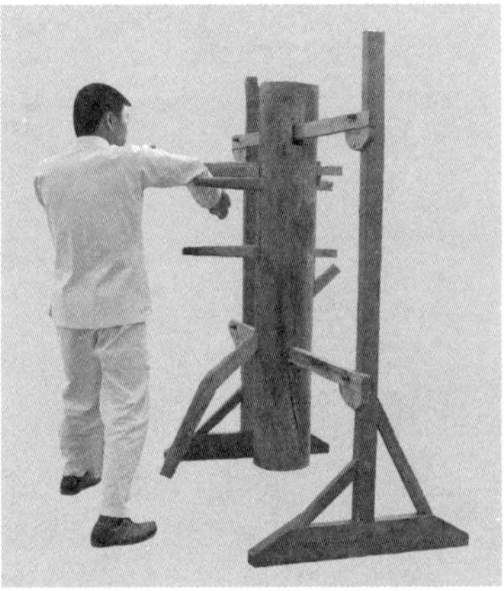

图 3–584

119. 右转身攞手踢腿

上动不停，右手贴住右桩手从其下方绕过后与左手一起变成攞手迅速抓握住右桩手；同时，身体右转，身体重心落于左腿，右脚抬起以正踢腿动作踢击木人桩的桩脚；目视桩身

(图 3–585)。

120. 左膀手

上动不停，右脚下落回到原位置，身体右转成右侧身钳羊马；左手成膀手格击左桩手内侧，右手成护手立于胸前；目视桩身(图 3–586)。

图 3–585

121. 左转身攞手踢腿

上动不停，左手贴住左桩手从其下方绕过后与右手一起变成攞手迅速抓握住左桩手；同时，身体左转，身体重心落于右腿，左脚抬起以正踢腿动作踢击木人桩的桩脚；目视桩身（图 3–587）。

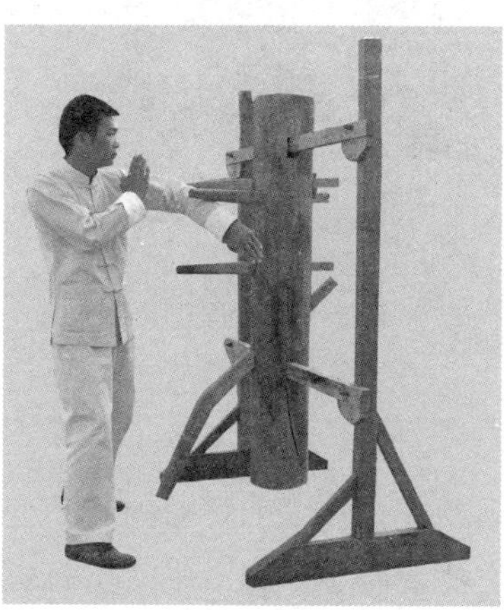

图 3–586

图 3–587

122. 耕拦手

上动不停，左脚下落回原位置，身体左转成左侧身钳羊马；左手以下耕手格击木人桩低桩手左侧，右手以拍手格击右桩手外侧；目视桩身（图 3–588）。

123. 右勾手 / 左托手

上动不停，身体右转成正身钳羊马站立；右手腕内屈变成伏手置于左桩手上，左手掌心向上由下向上轻托木人桩右桩手；目视桩身（图 3–589）。

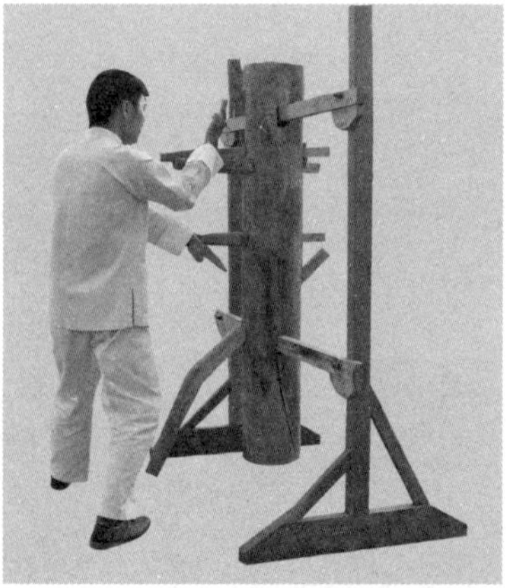

图 3–588

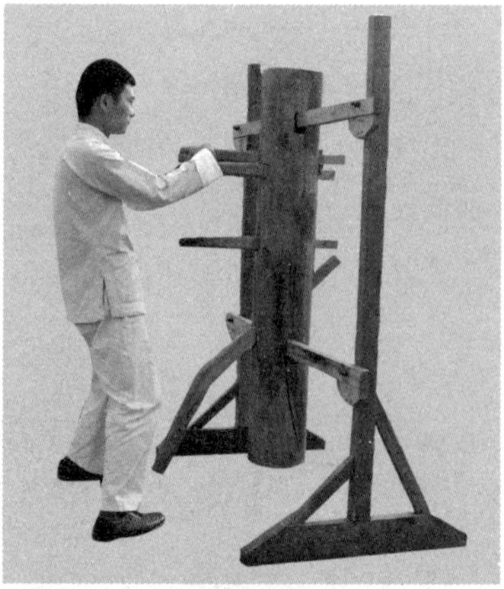

图 3–589

124. 左窒手 / 右印掌

上动不停，身体以二字钳羊马站立；左手前臂略内旋，变为窒手稍加用力下压右桩手，右手变成印掌姿势沿中线击打桩身正上方位置；目视桩身（图 3–590）。

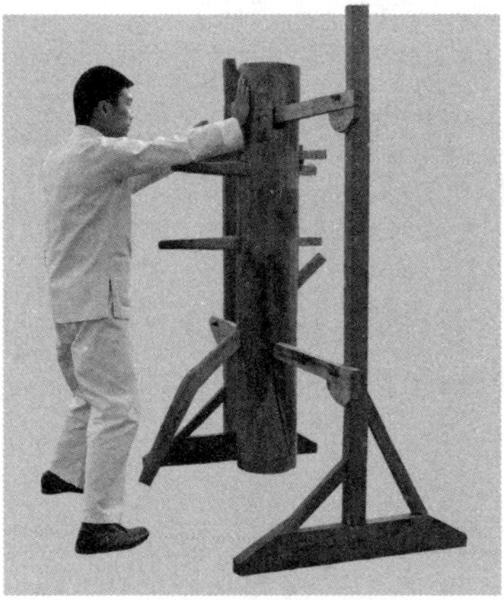

图 3–590

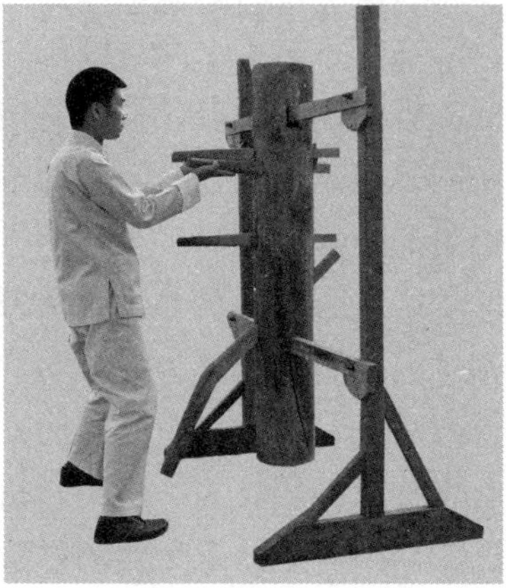

图 3–591

125. 双托手

上动不停，仍以二字钳羊马站立；双手贴住桩手由上方位置绕至桩手下方，同时以托手姿势上托左右桩手；目视桩身（图 3–591）

第七节　八斩刀

八斩刀的起源可以追溯到功夫强弱可以决定生死的年代。无论如何，赤手空拳总是难以抵挡全副武装的对手。

八斩刀可以作为手臂的延伸，很多徒手套路的动作都可以用八斩刀来完成。八斩刀是单面开刃的，以便能够转至前臂一侧进行近距离攻防。护手上的枝杈不仅可以用于封住对方的兵器，还可以用于旋转刀身，因此必须做成光滑的圆形，并且能够让握刀手的拇指轻松地够到。

在当今社会，练习刀、棍的格斗技术看上去也许有些落伍，但是这些套路是非常有用的，可以提供各种不同步法和身法的练习。另外，八斩刀的重心和平衡对于身架和腕力的练习也是非常有效的。

八斩刀的命名并不是指刀本身的名称，而是这套刀法的统称。刀的本身可称为合掌刀，因为它是由两把一样大小的刀组合而成的，但是把它分开后交叉平放又看似一只蝴蝶，所以亦有人称之为蝴蝶刀。至于八斩刀的名称由来，是因为在这套刀法的套路里总共由 8 路动作组成，而每一路的动作都包含有不同形式的斩法，因而取名为八斩刀。咏春八斩刀包括膀、摊、枕、耕、滚、斩、割、穿、拍、圈等刀法，每一式刀法都以简洁、纵横、快、狠、准著称。

但凡曾经观看过咏春拳同门演练八斩刀的朋友，可能会对这套刀法有一种似曾相识的感觉。没错，八斩刀就是由三套拳法招式融合演变而成，蕴藏着咏春拳中的拳法、身法、马法、实战搏击等招法。运用此套刀法，一定先要有良好的咏春拳手法作为基础，需要身体配合雄浑的桥力、腕劲才能发挥效能。因为整套刀法的动作都是以咏春拳的手法作为根据，例如刀套里面的耕刀、摊刀、滚刀、问刀等都是由咏春拳手法里演变出来的，所以，若是没有巩固的咏春拳根底，是很难把八斩刀法练好的。

八路刀法攻守处处皆是针对长短兵器实战应对，步法进退灵活，刀法简捷纵横，是实而不华的刀法。在理论及运用上亦与拳法相同，但唯一不同的是利用特别的步法将全身重量输送到双刀上。这套刀法十分注重腕力的发挥。一般来说，在迎战时通常是一刀用作进攻，而另一刀即用作防守。如遇到重兵器时，则用双刀联防，然后反击。

八斩刀的八节攻守动作如下：

(1)“夹刀式”，是一招应付对手以缨枪或长矛之类的锁喉枪法的刀法。

(2)“二字刀”，以贴身抢攻及近身防守为主。

(3)“上下耕刀”，是应付手持双刀的对手用的。

(4)“滚膀刀”，以对付敌人双头棍之类的中型武器直标而来的攻势。

(5)“问路刀”，是对付敌人由头劈落之兵器。

(6)“一字刀”，是对付敌人或横劈，或由下路偷袭的攻势。

(7)“袖底刀”，是对付敌人使用钢鞭、流星锤之类的软兵器。

(8)“十字刀”，是专门用来对付特别长的兵器，如单头长棍、长矛、大枪之类的直线攻击。

第八节　六点半棍

六点半棍法是一套招式简练的棍法，整套棍法很短，内容全无花巧，用力顺，发力猛，可单练也可双人练习。所谓“六点半”就是棍法有 7 个不同的重点动作，这 7 个动作分别为枪棍、挑棍、钉棍、抽棍、弹棍、摊棍、拦棍，合为六点半基本棍法，其中最后一个动作给人有一种只是将动作做到一半的感觉，所以称为六点半棍。

相传六点半棍法并非咏春拳创立者五枚师太所创，而是当年火烧少林寺，至善禅师逃难，为求逃避官府耳目，便混迹投身于反清地下组织红船戏班中作“煲头”。在班中认识弟子梁二娣，当时梁所干的工作，戏班中称为“笃水鬼”。至善留意到梁二娣因工作每日都竹竿不离手，更因长期工作而不觉地已练得臂力雄浑。至善见此良材，便将少林六点半棍传授于梁二娣，二娣尽得至善真传，学成棍技，所以六点半棍又名“二娣棍”。

咏春拳黄华宝与梁二娣乃戏班中人，两人互为知己，崇尚武艺，天长日久，两人更将咏春拳、六点半棍法交换修习，日夕观摩，互相研习补短取长，混成一家，从而六点半棍亦成咏春拳必修兵器之一。

六点半棍经梁二娣及黄华宝改良后，守门亦随咏春法度改得略为收窄，而马法却始终不离少林基本马法，都以四平、子午、吊马等为主，所以凡修习六点半棍都以走棍马为先，当熟练基本棍法后，便能再习整套六点半棍法套路作整体配合连环修炼，咏春门亦称此手棍法名为扇面棍，勤于锻炼此套棍法，对修炼者长桥发力、增强臂力，极有帮助和功效。

咏春拳门人要有一定的拳法基础才可修炼六点半棍法。进修过程由练习单个基本棍法，再到整套的咏春六点半棍法，继而练习准绳度，以枪打蜡烛的火芯，然后再进行练习双人棍法对搏，对搏时可把咏春拳的手法如枕手、摊手、膀手等潇洒地运用到棍法对搏上。而修炼六点半棍法除可用于兵器对搏外，最重要的其实它是一种修炼咏春拳长桥劲力的最佳法门。但要修炼传统高深的六点半棍法，除要正统的棍法与心法外，还要用十二尺或十三尺长的昆典木制成的长棍修炼，并非时下一般所用的八尺长杂木棍或白蜡杆，经一定时日苦练后，才能体会其神奇奥妙之处。

六点半棍的各式分析如下：

（1）“枪”是将棍直线标出，以棍尖插击对方的咽喉、心窝或小腹等部位。

（2）“砸”又名“圈砸”，是当敌人之棍从上压落时，借着对方下压之势，突然由下圈上再砸下，变成反客为主之势。

（3）“挑”是将棍持于胸前而棍尖略向上指，形成一个与地平线约45°的斜角，然后将棍由左横划向右或由右横划向左以阻挡敌人直标而来的攻势。

（4）“拨”是将棍端（以手持着粗的一端）朝上，而棍尖指地，形成一个与地平线约60°的斜角，然后往前或往后拨，拨时棍尖贴地而不着地；如向前拨则称为“溜水”，向后拨则称为“撑舟”。

（5）“抽”是一招由下突然往上弹起的突发动作，当敌棍搭在我棍之上而又并不太重压时，如此式运用得宜，可于一抽之间使敌人抛开手中长棍，或至少可令对方长棍因受此劲而弹起，我即可乘虚枪攻。

（6）“弹”是当敌棍搭在我棍之下时，一招由上突然往下弹落的动作。此招功效亦如上式，是一式惊弹而发的重劲，藉之令对方弃棍失守，因而使我乘虚枪袭对方。

（7）“半遮”是将棍尖略向上指，而整个人以全身劲力连身体及前锋手一起向前方推出，此式又叫做“半遮拦”，意即指使用此式时有若半遮半拦，故名。

黐棍：可以跟训练伙伴一起练习黐棍技术，方法是将棍头与对方的棍头粘在一起，整个过程中要始终保持稳固的架势和良好的距离。这种技术与击剑是完全不同的。当对方的棍法中露出破绽时，沿其棍身滑下，攻击对方的双手。通过黐棍可以练习大的步法和身法动作，所以这是非常有用的一种训练方法。也可以进行以棍对蝴蝶刀的练习。

第四章　咏春拳的实战技术

第一节　基本动作的攻防运用

拳击中用得最多的是直、摆、勾这三个拳法，散打中用得最多的是直拳和鞭腿，咏春拳在实战中翻来覆去使用的动作也不多。对于咏春拳练习者来说，一定要明白一个道理，在咏春拳中有几个动作是实战中的主力，另外的动作则是配合这几个主力动作来完美发挥，取得更好的实战效果，这就是咏春拳的逻辑性。

没有一个严格的标尺来规范咏春拳的技术动作要如何运用，这和练习者的训练水平有关，同样的技术动作，水平高的，可以随机应变而即兴发挥；水平一般的练习者就只能中规中矩，不敢丝毫大意，否则就身处险境。基本动作的攻防运用会根据练习者水平的提高而不断有新的认识，不断修正和完善以前对基本动作的理解。刚开始学习基本动作的运用只是告诉练习者一个大概的学习方向，有摸索的门径，不至于偏离学习方向。随着学习的深入而累积更多对基本动作运用的心得和体悟，就会帮助练习者提高和巩固实战能力。

要懂得如何学习和认识咏春拳基本动作的运用，这是一个过程，是一个需要长期学习和积累的过程，不是一种理论，知道就行了。要反复学习，不断琢磨，不断动手实践，练出可以表达这种知识的动手能力。在这个过程中通过实践来检验知识的可行性，可行的原因在哪里？需要什么东西作为基础才能表达出这种知识。就像是爱迪生发明灯泡，虽然爱迪生先生知道可以将电能转化为光能，但是什么材料可以在灯泡中发光、作为灯丝最理想，爱迪生先生是一个接着一个尝试数不清的材料、做了无数次试验后才找到理想的材料来做灯丝。如果没有失败后仍然始终如一坚持进行灯丝实验的气魄，灯泡是造不出来的。

应该说，学习和理解咏春拳基本动作运用的过程，是一个消磨练习者对咏春拳的激情和冲动的过程。不是看你有没有学习武术的天赋，而是看你有没有耐性，很多人会因为练习过程中身心的疲惫而放弃，获得一点小小的成就再也不想坚持下去。在练习过程中将这个天赋是否能始终如一地坚持下去，直到练出超强的实战能力，用事实印证出你的天赋，才是最重要的。

咏春拳基本动作的攻防运用不是嘴巴说出来的，也不是看出来的，是练出来的，要多练，多悟。咏春拳的基本动作虽说多不多，但的确不少。练习时既要懂得举一反三，也要懂得分别不同之处，如功用、练习重点、所需功力的不同等等。

一、日字冲拳

在咏春拳中，运用最多的攻击动作就是日字冲拳，尤其是连环的日字冲拳，快而密集，紧贴对方使得其喘不过气来。日字冲拳速度快，距离短，离对方数寸的距离也可出拳，配合咏春拳独有的寸劲，可以一击重创对手。

日字冲拳是沿着双方的中线出拳，打击路线短，主动攻击对方，往往使对方防不胜防。在实战中，一个练习有素者可以在近距离突发日字冲拳打击对手（图 4–1），充分发挥出日字冲拳快若闪电的特点。

由于日字冲拳速度快的特点，也可以用来截击对手。当对方使用全身力气抢拳向我头部砸来时，我方就可以抓住时机，用一击日字冲拳迎击其头部（图 4–2）。

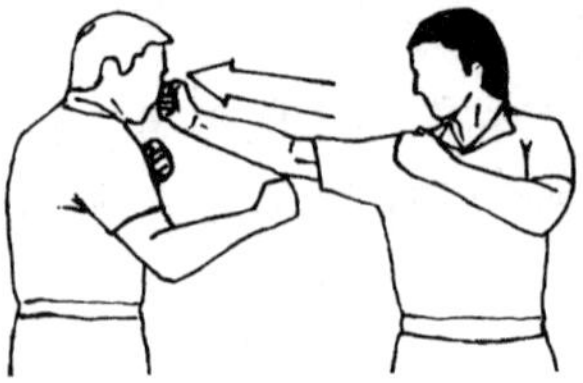

图 4–1

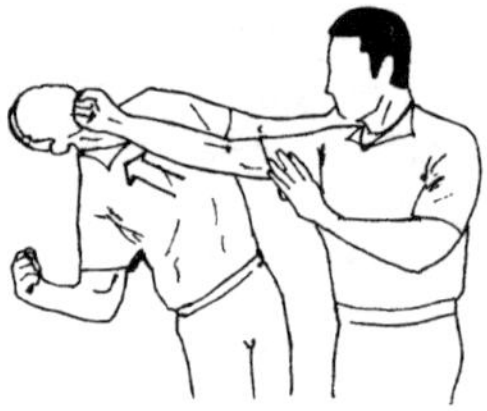

图 4–2

日字冲拳的使用也相当灵活，可以根据实战时的具体情形，配合其他的技术使用，如左手防守对方的进攻，右手以日字冲拳攻击对方（图 4–3）；也可以右手封住对方的双手，左手以日字冲拳攻击对手（图 4–4）。

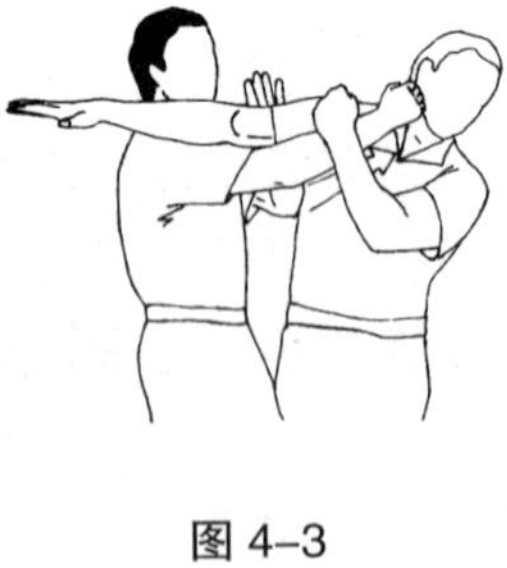

图 4–3

图 4–4

日字冲拳在使用中虽然灵活异常，快速多变，但这需要基本功的积累，平时如无刻苦修炼，是不可能在实战中发挥出应有的效果的。为了增加拳法的力度和拳面的硬度，平时要每天几百次地打击墙袋（图 4–5）。进行打击墙袋的练习时要把握好动作的标准性，身体要自然放松，尤其是手臂一定要放松。在动作做到放松自然之后，再慢慢追求动作的速度，最后才能追求打击的力度。

图 4–5

有了上述打击墙袋的功底后，接下来就要练习一门咏春拳的必修课：连环的日字冲拳练习。动作由二字钳羊马开始，双手放松轻握拳，先以肘底劲催动右手打出日字冲拳，拳臂打直为限，当右拳打尽的同时，左拳沿中线用肘底劲快速打出（图 4–6—图 4–12）。打连环拳时，双拳要放松，开始不要追求速度，等动作熟练后再追求双拳的速度和双手连绵不断的感觉。我们常说的肘底劲，不是让你的肌肉用力，这是指一种身体的运动能力，待到动作完全可以做到放松自然，自然就能发挥出肘底劲，所谓功到自然成。

图 4–6

图 4–7

图 4–8

图 4-9

图 4-10

图 4-11

图 4-12

二、摊　手

一个咏春拳练习者要想发挥摊手的最大实战效果，必须要有扎实的黐手功底。摊手用于防守对方的攻击时，不是简单地做出一个动作接触到对方的攻击肢体就行了，而是要在接触后，根据对方攻击肢体用力的方向将其力量化为无形。当对方用直拳攻击我方时，我方摊手在触及对方桥手时，不论我方的摊手在对方手臂的内侧（图 4-13）还是外侧（图 4-14），都可以迅速侧将其手臂向外摊开，以横挫直。

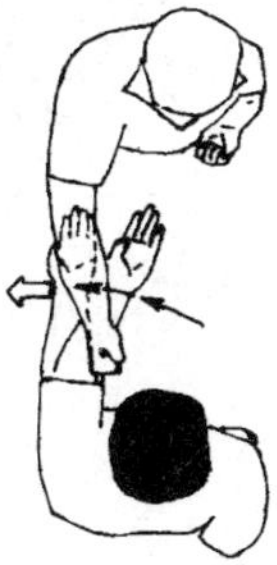

图 4–13

图 4–14

用摊手配合日字冲拳攻击对手是比较常用的技术，咏春拳将这一技术称为“摊打”。当对方用日字冲拳向我攻击时，我方就直接从中线反击，在左手摊开对方攻击的同时，右手日字冲拳打击其面门（图 4–15）；也可以从对方的外侧边门切入，右手摊开对方的手臂，左手击打其肋部要害（图 4–16）。

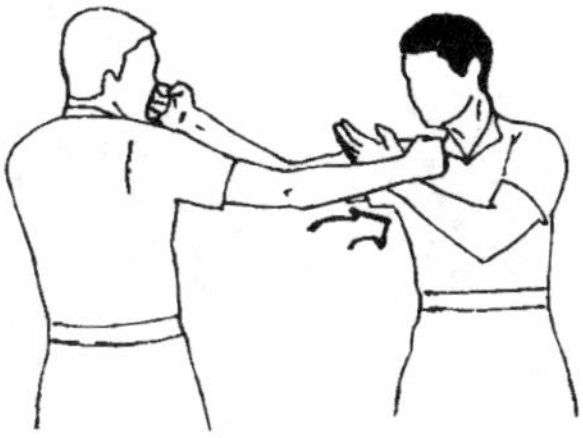

图 4–15

图 4–16

为了让对方防不胜防，也可以上摊下打。面对对方的拳法攻击，在上面用手摊开其手臂的同时，下面则起腿攻击其腰胯（图 4–17）。这种上面防守、下面攻击的思想，也可以用于其他的技术中。

图 4–17

三、膀　手

咏春拳的力量来自腰马，手臂要自然放松，这样在实战中可以变化更加灵活，如果手臂绷紧，既无法灵敏地感觉到对方力的方向，也无法迅速变化成相应的攻防技术去制敌。这一点在摊手、耕拦手、日字冲拳时如此，在膀手时更是如此。

运用膀手去消解对方的攻击，手臂放松是怎么强调都不为过的。不要手臂去用力碰撞对方的攻击肢体，只要粘住攻击肢体就行，运用腰马的力量去化解其攻击。由于膀手擅长防守对方的直线攻击，所以在做膀手的时候，一般是配合腰马的左右转动，以获得最佳的实战效果。当对方的直拳击打过来，我方运用右膀手防守的时候，配合腰马左转来化解对方的攻击力量（图 4–18）；同样的道理，当运用左膀手时，则配合腰马向右转。

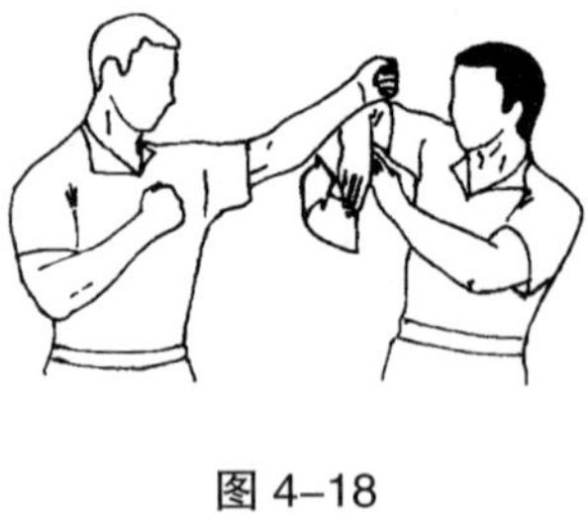

图 4–18

在运用中可以根据对方攻

击肢体位置的高低，膀手上臂的位置也可以做相应的调整，对方出手的位置高，我方膀手的位置也要高（图 4–19），如果对方出手的位置低，我方也要相应地将膀手的位置放低（图 4–20）。这也是为什么在练习木人桩时，有高膀手、低膀手的变化动作。

图 4–19

在实战运用中，膀手可以配合其他的攻击技术以获得更好的实战效果。咏春拳中比较常用的就是在膀手时，配合腿上的侧撑踢技术，在防守时突袭对手。咏春拳称这一技术为“膀手撑腿”。尤其是在对付对方的长距离拳法攻击时，在膀手防守其拳法的同时，出其不意地用脚踢击其膝关节（图 4–21），其效果可想而知。

图 4–20

图 4–21

四、掌　法

咏春拳的拳是日字冲拳，掌法有印掌、横掌、底掌。这三掌实际上只是一种掌法，是由一种掌法变化为三种不同的掌型。归根到底其动作是由日字冲拳变化而来，不过是将拳头变成掌罢了，完成掌法的技术动作时要严格遵照身体中线和肘底劲等要领去做。

咏春拳练习者按照日字冲拳的要领将手掌打出，在完成手掌动作的过程当中，当手指向上时（图 4–22），我们称之为“印掌”；当手指向外侧时（图 4–23），我们称之为“横掌”；当手指向下时（图 4–24），我们称之为“底掌”。

图 4–22

图 4–23

图 4–24

手掌在实战中可以发挥日字冲拳所不具备的优势。运用印掌打击对方的下颌时，当打击动作完成后，可以继续施力向上推挤对方下颌，使得其头部上翘和后仰（图 4–25）；当运用横掌击打对方的肋

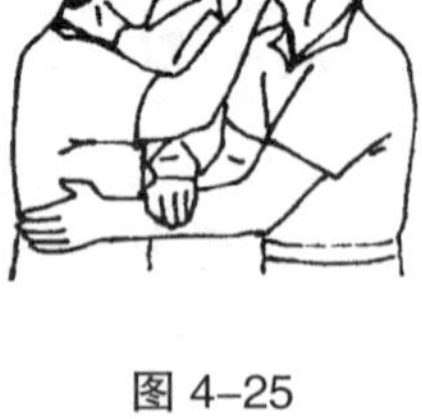

图 4–25

部时，在完成打击动作后，还可以继续施力推其肋部，使其身体重心失去平衡（图 4–26）。这就是咏春拳中为什么要化拳为掌的原因之一。练习者可以通过日字冲拳的使用技巧再配合掌法的特性，去领悟出更多的掌法使用技巧。

图 4–26

五、抽撞拳

抽撞拳是由下向上，沿着弧形线抽上，攻击对方的下颌、咽喉、头部。这一点和拳击的勾拳很像，但是使用的过程不同，勾拳击打时是由实战姿势开始，瞅准时机猫腰屈身，然后向上挺身勾击对方。而抽撞拳更注重拳头的刚柔变化，在实战中直接由其他的攻防动作变化成抽撞拳击打对方。

抽撞拳如果作为一记反击型的拳法，往往会发挥料想不到的效果。前文已经讲过，在实战中，抽撞拳多是由膀手转变而成使用，如无恰当时机，咏春拳练习者很少主动用抽撞拳来攻击对方，这样胜算不大。

除了上述的用法，抽撞拳可以用来迎击对方近距离的猛力攻击。当对方的拳头从我头部外侧击打过来时，由于距离短，不宜使用日字冲拳，那么一记抽撞拳攻击其头部便是很好的反击手段（图 4–27），以直挫横反击对手。

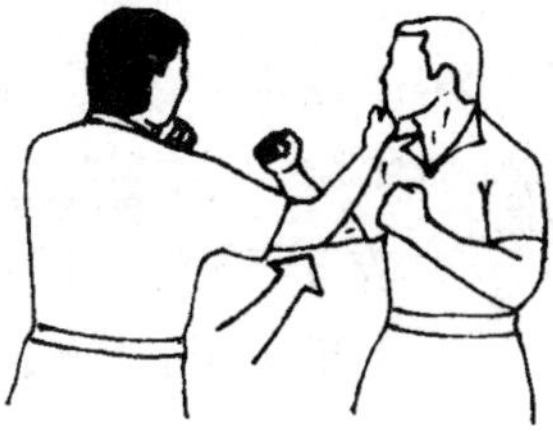

图 4–27

在近距离，抽撞拳配合相应的攻防技术，也可以起到很好的实战效果。面对对方的直拳攻击，我方在拍击对方手臂的同时，向前贴近对手，拉近双方的实战距离，使用抽撞拳打击其肋部（图 4–28）。

图 4–28

使用抽撞拳时要主动寻找适当的攻击距离和角度。

六、标　指

标指的实用性是毋庸置疑的，虽然在擂台上我们见不到这一技术的运用。但是，这是由于擂台规则和拳手带上拳套后无法发挥手指威力的缘故所致。

在街斗中，如果运用标指刺伤对方双眼，则可以迅速解决战斗。虽然很多咏春拳练习者知道标指可以用于攻击对方双眼，但是在使用时，为了攻击的顺利实施，在一只手使用标指攻击对方眼睛时，另一只手最好将对方的前锋手封住（图 4–29），防止对方发起防守动作。另外，

图 4–29

标指手要做到像眼镜蛇一样的速度，打对方一个措手不及，才能起到实战的效果。由于标指使用手指攻击，其力道不可能向拳和掌一样迅猛，但是，标指比拳和掌的攻击距离都要远，这样，在同样的距离，标指则会比拳和掌更快到达攻击目标表面。

标指除了可以攻击对方的眼睛外，也可以攻击对方的咽喉、腹部等柔软部位。当对方的直拳向我头部击打时，我在闪避其拳头的同时，可以迅速用标指刺击对方腹部的脾、胃、肝等部位（图 4–30）。

然而很少有人知道，标指既可以用于进攻，也可以防守对方的进攻。比如对方左手握拳从外侧抡击我头部时，我方就可以右手运用标指迅速前压对方的左手臂，同时左手握拳击打其面门（图 4–31）。运用标指去防守，是发挥以直挫横的实战技巧。运用标指防守时，不是用手指去接触对方的攻击肢体，而是用手掌根部或前臂。

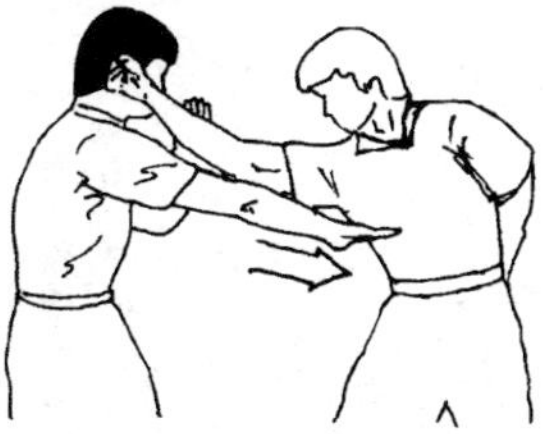

图 4–30

图 4–31

七、耕　手

耕手在实战中的运用，是用来防守敌方对我中路发动的进攻。当对方用正踢腿蹬击我腰腹部时，便可运用耕手来防御其攻击（图 4–32）。按照常理来说，胳膊拧不过大腿，以手的力气怎么可以防御住腿的攻击？但这就是咏春拳的奇妙之处。我们如果从散打或自由搏击的角度去理解咏春拳的技术，很难看到咏春拳的本来面目。咏春拳非常讲究刚柔的变化技巧，当我们用手去防御敌方力量相当大的攻击动作时，要顺着敌方的力量用相应的技巧将其卸掉，将腰马力施与手上，向外、向下拨挡敌方腿的气力，但此时手仍然保持放松，去感觉敌方腿法做出的其他变化，我方再实施相应的攻防技术去应对。可以说，有一定基础的咏春拳练习者都具备这种能力，这种能力是通过单、双黐手的训练获得的。

但是大多数情形下，耕手是配合打击动作同时运用的，当敌方勾拳击打我方腹部时，我方在运用耕手防御的同时，另一手以日字冲拳击打敌方的面门（图 4–33）。

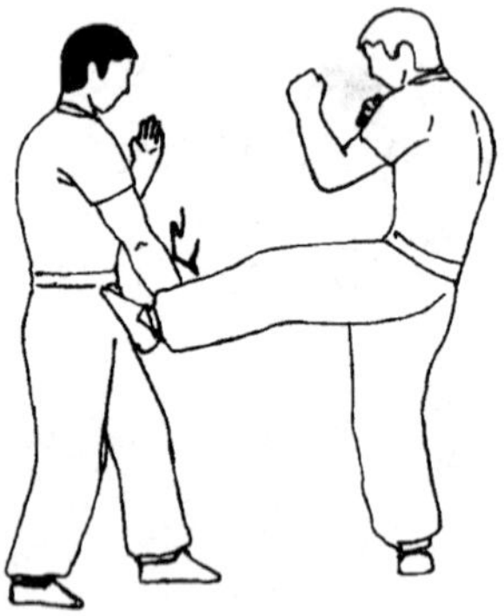

图 4–32

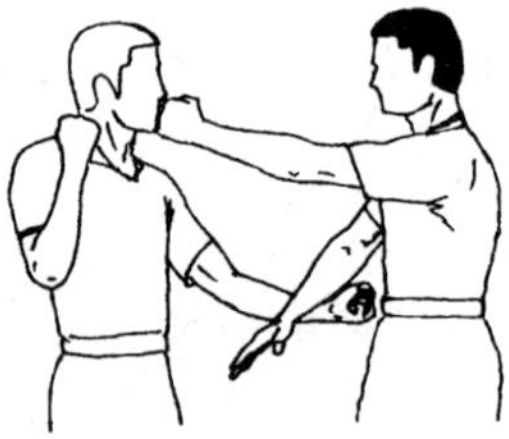

图 4–33

八、耕拦手

图 4–34

耕拦手的运用需要相当的咏春拳功底，面对敌方的中上路进攻，在一只手格挡的时候，另一只手则施力去改变对方的用力方向，使其攻击落空。耕拦手在运用中绝不是双手合起来向一个方向用力硬接住对方的攻击肢体。比如，对方用横扫踢袭击我中路，我方耕拦手沿中线截住对方的腿时，左拍手向外侧、向下施力改变其踢击的用力方向（图 4–34）。

一些高水平的咏春拳练习者，在运用耕拦手时，往往会配合转马动作，以起到最佳的实战效果。比如，实战中对方用横踢进攻我方头部时，我方在运用耕拦手格挡对方小腿时，同时配合转马动作，这样既让头部从原位置移开，又同时用转马的力量化掉对方的腿法重击之力。

以上是从防守角度去理解耕拦手。其实，耕拦手是一个化防守为攻击的技术。在上述我们讲到的防守对方腿法攻击的情形上，当我方在使用拍手划掉对方攻击力的时候，另外的耕手就要立即变化成相应的攻击动作击打对方；也可以是我方在使用耕手划掉对方攻击力的时候，另一只拍手就要立即变化成相应的攻击动作击打对方。双手配合严密，使对方迅速败下阵来。

九、攦　手

攦手动作乍一看似乎和擒拿手差不多，其实不然，擒拿手重在“擒”与“拿”，攦手以拉制对方身体局部某一部位为目标，且擒拿手法名目繁多，不一而足。而攦手动作以整体拉制对方重心为己任。一旦搭上对方桥手后，即以腰马和步法的灵活变化，或整体发放对方，或以顺手牵羊的借力方式达到以弱胜强、“四两拨千斤”的奇妙效果，再配合相应的击打动作，可以起到一击必杀的超强杀伤效果。

在实战中，当对方使用左拳向我击来时，我方右手采用攦手擒住其左手臂，并顺着对方左拳的用力方向不断施力牵拉，借对方的力“四两拨千斤”，与此同时，我方右拳狠狠抽击其面部（图 4–35）或用肘狠击其心窝（图 4–36）。

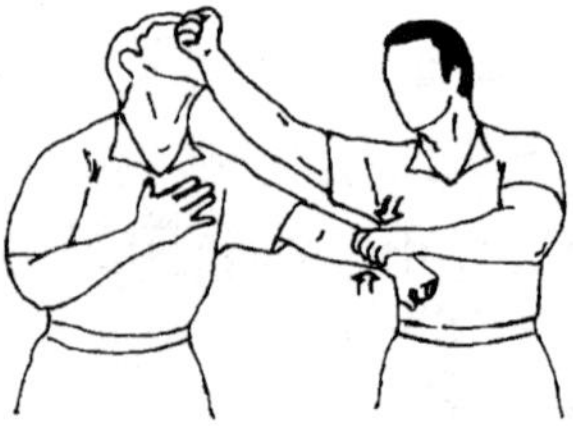

图 4–35

图 4–36

按照同样的技巧，也可以是在成功使用攦手擒住对方手臂、破坏对方重心的时候，起脚狠踢其腰胯，破坏其战斗力（图 4–37）。

在使用攦手时，不能将对方的肢体死死抓住不放，这样对方用力反抗，将肢体回拉的时候，我方的身体就很容易被对方的力气带动起来，造成身体的平衡被破坏。握对方的力，应松紧适度，不可太轻，也不能过重，只有在有十足把握下才紧紧握住对方的肢体，这一般是在对方身体平衡被破坏时或来不及反抗时才如此。

图 4-37

十、正踢腿

咏春拳的腿法不多，因此，能够被咏春拳采用的腿上技术肯定是有相当特点的。由于咏春拳善于用从中线发起攻击，因此很大程度上决定了咏春拳的腿法是走直线的。直取对方在实战时的身体中线，或从中线直取对方的要害。正踢腿从技术动作上讲没有很特别的动作方法，就是起腿后直接向前踢出。但是在运用中发挥的效果则不简单，妙用无穷。

在运用中，要记住正踢腿是先求速度快，再求力量重，这样方能充分发挥正踢腿的实战效果。当对方起脚向我腿部袭击时，我方就可以在抬腿躲避其攻击的时候，运用正踢腿迎击对方踢击腿的膝关节（图 4-38）。这就要练习者在抬腿的同时直接使出正踢腿，将速

图 4-38

度最大化。如果我方在抬腿后做完屈膝的动作，再挺胯将腿踢出，这样虽然会增加踢击的爆发力，但是早已错失反击对方的最佳时机。

使用正踢腿去破解对方快速的手法攻击时，尤其要发挥出正踢腿快速的特点。当对方用右直拳攻击我时，我方在使用双手擒拿对方手臂的同时，右脚迅速踢击其膝关节，使其受创（图 4–39）。如果我方起腿稍慢，对方就会立即反抗，破解我方的擒拿。如果正踢腿的动作不够简单，也不可能配合上肢的技术一起使用。大家可以看看泰拳的横扫踢、散打的侧踹，这些技术动作对身体，甚至是练习者的身体要求都比较高，因此，使用起来也会有一定的难度。

如果实战中面对对方的拳法攻击，我方在擒住对方的手臂时，以另一只手击打其面门，为了加强攻击的效果，在双手配合攻击的同时，再同时使用正踢腿打击其膝关节（图 4–40），无疑是对手如何也想不到的。

图 4–39

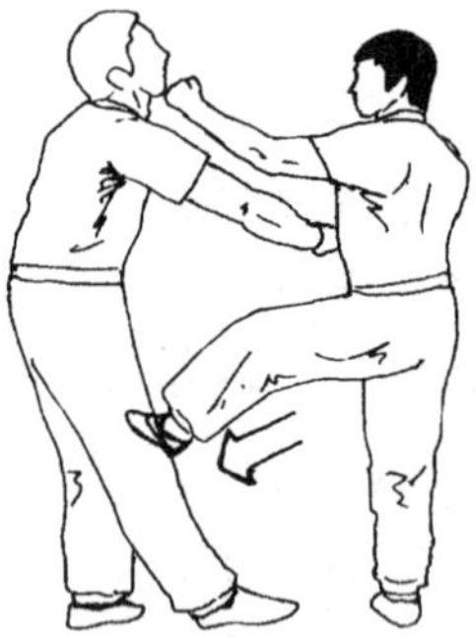

图 4–40

可以简单随意地将正踢腿用出来需要一定的功底和技巧，这需要咏春拳练习者勤习不辍。咏春拳高手在使用正踢腿时，只需要腰胯一抖就可以将腿踢出，其速度快若闪电，其力道入里透内，足以踢断对手的筋骨。

咏春拳前辈们常用踢击墙袋来练习腿法，练习的动作有正踢腿（图 4–41、图 4–42）和侧撑腿（图 4–43）。另外，尚有踢击三星桩的方法来练习腿法的灵活性。所谓的三星桩，是指按照等边三角形的形状在地上埋三根木桩，每根木桩露出地面至练习者腰部左右的高度。每根木桩之间的距离是练习者走路时两个步幅左右的长

图 4–41

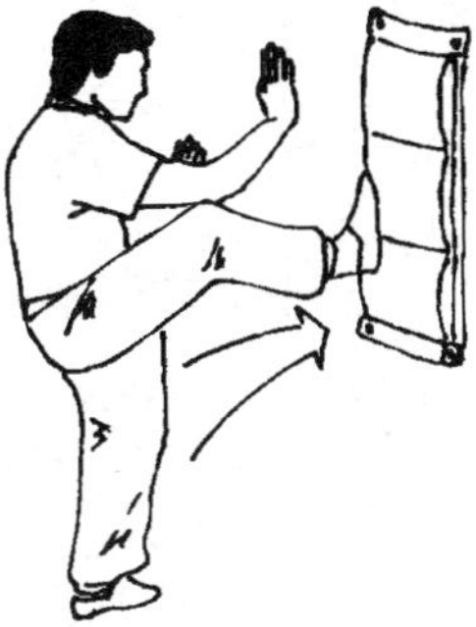

图 4–42

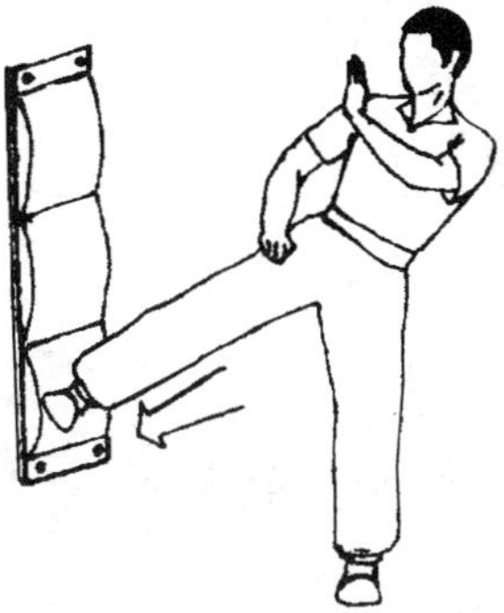

图 4–43

度。练习者在练习时，站在三角形中间，然后用各种腿法交替踢击三个方向的木桩(图 4-44—图 4-46)。练习时，要求动作要稳，要准。时间久了就加快速度，并体会力在腰胯的感觉。

图 4-44

图 4-45

图 4-46

十一、侧撑腿

侧撑腿的“撑”，主要是指起腿时用腰胯的外撑来发力。李小龙生前所善用的截踢就与咏春拳中的侧撑腿极为相像。

实战中，面对敌方起腿踢击时，可以果断以侧撑腿截击对方的腰胯，使其无法起腿（图 4–47）。

在咏春拳的攻击技术中，侧撑腿是攻击距离最长的。在实战中也可以发挥其距离长的特点，用侧撑腿破解对方手法的攻击（图 4–48），以长破短。

图 4–47

图 4–48

第二节　主动突袭的技巧

主动突袭，按照常用的说法就是主动攻击，之所以叫做突袭，是因为在实战中要求咏春拳练习者的攻击技术动作要快速、突然，打对方一个措手不及，这样才能产生良好的实战效果。在实战中，用于攻击的应该是自己平时练得非常熟练的技术动作，同时技术动作也要简单直接，这样才能够发挥出迅如闪电的速度，让对方来不及躲避，然后再根据对方的反应进行有效的后续攻击动作。

尤其在双方都保持高度戒备、不敢贸然进攻的时候，若想采用主动攻击的话，就要相当小心，稍有不慎，反而会被对方瞅准时间发起反击。那么，作为主动攻击的一方，在整个攻击的过程中，首当其冲的第一下打击动作就显得很关键。如果第一下的打击动作起到预想的效果的话，那么，接下来的第二下、第三下攻击动作就能够有机会顺利实施，反之，第一下的攻击失败，很容易让自身陷于被动，被对方反击。

在咏春拳中，可以用于实战的技术有很多，但是，使用频率比较高的技术则只有几个而已。就像散打一样，散打的技术动作非常多，踢、打、摔、拿无所不包，但是在擂台上用得最多的不过是直拳、边腿、侧踹这些技术罢了，其他的技术动作则是根据不同的时机来配合这些技术运用，以起到更完美的实战效果。

一、利用标指突袭

当咏春拳练习者以右手置前站立时，利用肩膀的力量将前手如同毒蛇般向前疾射，右手成标指姿势触及对手的眼睛（图4–49）。在运用标指时，手臂要放松，如同离弦之箭一般借助肩膀的弹抖之力向前弹射，标指求快不求重力，这样可以充分发挥出标指的主动攻击中的优势。

图 4–49

在实战中，当咏春拳的一记前手标指攻击奏效后，可以利用腰胯的回转带动左手以日字冲拳攻击对方的面门，然后再以右手日字冲拳重击对方（图 4–50—图 4–53）。在使用左右日字冲拳连续攻击时，要求比标指的速度更快，一招快过一招，一招狠过一招，使对方无法抵挡。值得注意的是，由于标指的攻击距离比日字冲拳的攻击距离长，因此，在使用日字冲拳时，身体应向前滑步，以拉近双方的攻击距离，同时利用身体前冲的惯性来增加日字冲拳的打击力度。

图 4–50

图 4–51

图 4–52

图 4–53

二、利用日字冲拳突袭

利用右手日字冲拳突袭对方也是很好的方法，打击时不要幼稚地以为可以一拳将对手打倒，应该把重点放在后续的击打动作上，用右手日字冲拳做铺垫，让后续的连续攻击动作顺利实施（图 4–54—图 4–56）。

图 4–54

图 4–55

图 4–56

突袭对方时一定要看对方的反应，这样才能起到实实在在的攻击效果。虽然在攻击时总想一下子就击中对方，但是难免会被对方躲开。比如，咏春拳练习者用右手日字冲拳攻击对方头部时，对方利用身体的后闪轻易地躲开攻击，此时，咏春拳练习者应该根据对方的身体变化来做出有效的后续攻击，趁对方此时下盘暴露的瞬间，以左正踢腿攻击对方的右腿膝关节，则可以一击即中（图 4–57—图 4–59），然后再迅速进行有效的连环攻击。

图 4–57

图 4–58

图 4–59

三、利用侧撑脚突袭

在远距离中，咏春拳练习者可以用在前面的一条腿，以侧撑脚突袭对方的膝关节（图 4–60）。在踢击敌方的膝关节时，不要将右脚提膝回收至腹部后再爆发性用力踹击目标，这样虽然加强了踢击的爆发力，但是延长了攻击的时间。直接将脚抬离地面沿直线攻击目标，既简单又直接，使对方很难躲闪侧撑脚的攻击，然后根据对方的反应再补充相应有效的攻击动作。

主动突袭时不能把侧撑脚作为重击型的腿法运用，最大的特点就是快，快到对方躲闪不及，然后再配合相应的手法等技术连续攻击对方，但是，需要主动将双方从脚攻击的距离拉近到手法可以攻击的距离上。在实战中，咏春拳练习者使用侧撑脚准确攻击目标后，如果想要配合手法技术再连续攻击对方，不要将脚收回到原来的起脚位置，而是直接落地到对方的前脚附近，在落地的同时，身体重心前移，右手以标指手直击对方的面门（图 4–61—图 4–63）。

图 4–60

图 4–61

图 4–62

图 4–63

四、利用正踢腿突袭

正踢腿和泰拳的前蹬腿功用有些相似，用于主动攻击和阻截敌方的进攻十分有效。在远距离中，咏春拳练习者突然抬起离对方最近的一条腿，用正踢腿攻击其小腹或腰胯（图 4–64）。这样，哪怕对方已经有了攻击的意图，也可以将敌方的攻击策略挫败。

图 4–64

在实际运用中，正踢腿很难达到一击必杀的理想效果，它是为后续攻击铺路的基石。练习者可以在右脚完成正踢腿攻击后，再用左脚实施正踢腿攻击对方的前腿膝关节（图 4–65—图 4–67）。也可以在右脚完成正踢腿攻击后将脚直接下落，同时向左扭腰转跨，催动左日字冲拳攻击对方的面门（图 4–68—图 4–70）。

图 4–65

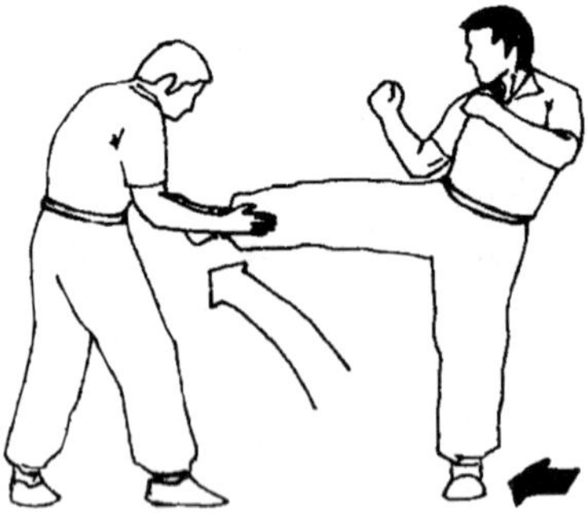

图 4–66

图 4–67

图 4–68

图 4–69

图 4–70

第三节　贴身近战能力的培养

咏春拳从技术上讲，最擅长的就是贴身近战，这是咏春拳的特色所在。咏春拳中很有特色的摊手、膀手等等技术动作，就是为了便于咏春拳练习者在贴身近战中发挥出良好的实战效果。

咏春拳在贴身攻击的策略上很有一套。一般来讲，近距离实战中双方主要攻击的目标集中在人体的上盘与中盘。根据这种情况，咏春拳创造出独特的“四门原理”。书中前面已经讲过“四门原理”，这里就不再讲了，具体讲一下通过“四门原理”如何在实战中成功地制服对手。四门原理是给初学者一个可以寻觅的路径和练习的方法，在初学的时候，面对攻击不知道如何应变，就可以根据四门原理来指导我们做出相应的防守和反击。

咏春拳练习者欲在实战中成功地制服对手，除了懂得熟练地运用“四门原理”，还有一个最基本的原则，就是双手始终要置于有利的进攻与防守反击位置（图 4–71），双手一前一后置于胸前，便于进攻与防守。

图 4–71

对于没有经过实战的初学者来说，在进行贴身近战技术练习时，首先，要培养敢于面对贴身状态下进行实战的勇气，如果没有这种勇气，在心理上有畏畏缩缩的障碍的话，则什么技术都无法发挥出来。有了勇气，接下来再去追求有效的贴身近战和反击的技术，通过千万次的贴身近战技术的训练，将各种有效的贴身技术形成一种本能动作，在实战中不假思索地做出来，继而练成强大的贴身近战的实战能力，有了这种能力后，就会超越技术动作上的束缚，随心所欲地发挥。

一、拍手/日字冲拳

（1）实战中，对手摆出右手在前的搏击实战姿势，我方以咏春拳右问路手的姿势与其对峙（图 4–72）。

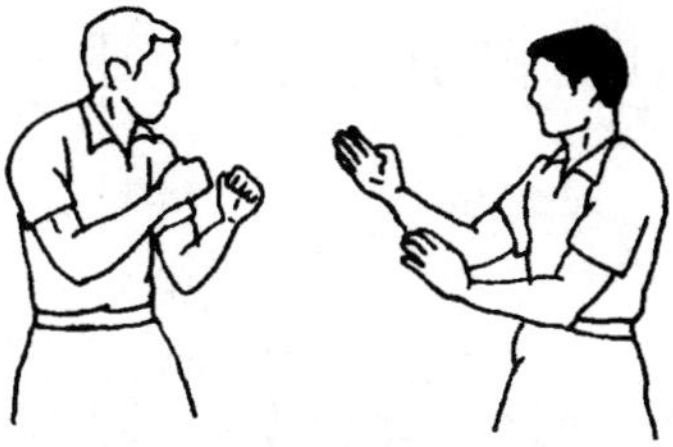

图 4–72

（2）当觉察到对手将左手回收欲出拳击打我方腹部时，我方将左手略下按做出相应的防守策略并试探对方的攻击（图 4–73）。

（3）此时，对手见我方高外侧门露出空当，便以一记右手直拳果断朝空当攻击。我方迅速以右拍手防守住对方的进攻，同时以左手日字冲拳反击，狠狠击中对方的面门（图 4–74）。

图 4–73

图 4–74

二、双拍手/日字冲拳

（1）实战中，对手直接冲过来一个右脚横踢向我方头部左侧，我方双手立即同时动作，双手在保护头部要害的同时格挡对方的踢击（图 4–75、图 4–76）。

⑵ 几乎在我方阻挡对方攻击的同时，立即滑步向前贴近对手用以消解对方的踢击力道，并在贴近对方后用右手按住其右肩，同时以左手日字冲拳击打对方的肋部（图 4–77）。

图 4–75

图 4–76

图 4–77

三、摊手/日字冲拳

（1）实战中，对手拉低右手想攻击我腹部，我方有意将双肘略下沉，做好防守准备，使对方无从下手（图 4–78、图 4–79）。

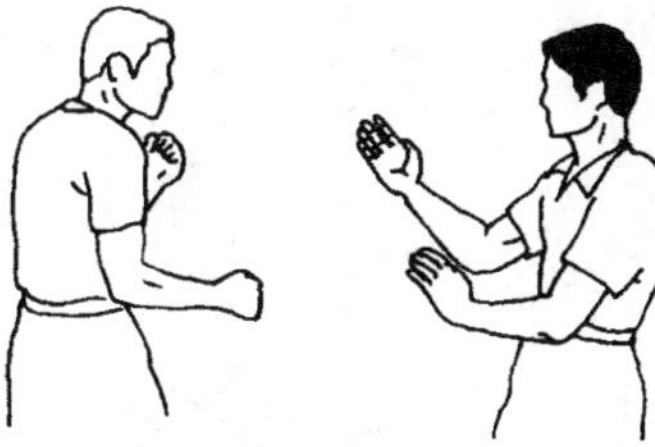

图 4–78

图 4–79

（2）对方右手从下向上，企图绕过我方的防守击打我方头部左侧，我方在用左摊手截住对方的右手拳的同时用右手拳击打他的面门。此时对方的门户大开，一击必中（图 4–80）。

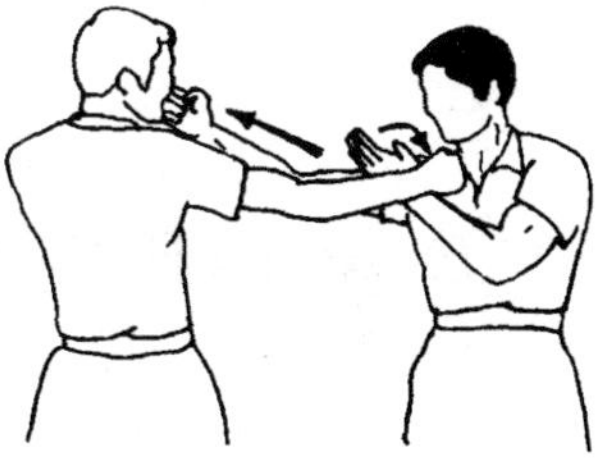

图 4–80

四、襟手/日字冲拳

（1）对手在实战中略向下弯曲腰身，做好攻击发力的准备，然后突然腰身直立，迅速转腰挺髋用右手向我方左肋部勾击（图 4–81、图 4–82）。

（2）我方要做出准确判断，在对方发力之前，以左襟手阻截对方勾击的同时，右手直接一个日字冲拳击打其面部（图 4–83）。

图 4–81

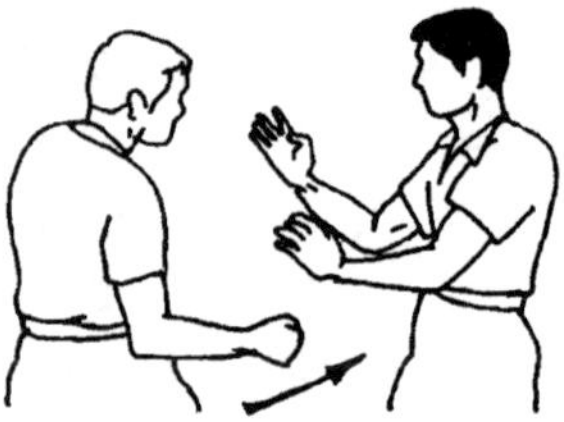

图 4–82

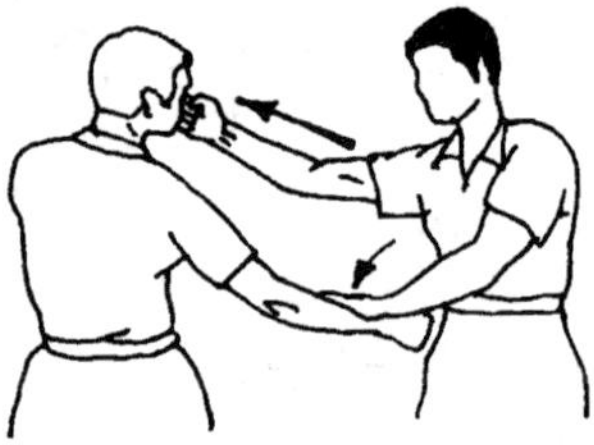

图 4–83

五、耕手/日字冲拳

（1）实战中，对手夸张地摆出一个左手在前的空手道实战姿势，右手则握于腰间，上半身略向右转蓄势准备出拳（图 4–84）。

（2）对方突然身体左转，右拳也同时从腰间向前击出（图 4–85）。

图 4–84

图 4–85

图 4–86

（3）当看到对方以一个弓步下冲拳的动作击打我腹部时，我方迅速用左耕手格挡住对方的进攻，同时用右手日字冲拳反击对方的面门（图 4–86）。

六、耕手 / 抽撞拳

（1）实战中，对方用右手冲拳向我右肋部进攻，我方迅速用右耕手格开对方的右拳（图 4–87）。

图 4–87

(2) 我方再迅速用左拍手牵制住对方的右手臂，防止对方的再次进攻，同时将右手回收（图 4–88）。

(3) 我方几乎在封住对方右手中位冲拳的同时，用右手翻臂拳狠狠抽击对方的右侧面部要害（图 4–89）。

图 4–88

图 4–89

七、拂手/标指

(1) 实战中，对方左手下拉蓄势发力，突然一记左手上勾拳向我身体右侧肋部打来，此时我方已经洞察其意图，不待对方勾拳击打到我身体，迅速用采右手标指戳击对方的眼睛，以攻止攻(图 4–90—图 4–92)。

图 4–90

图 4–91

图 4–92

⑵ 对方一击不能奏效，立即改换战术，用右手再次发动攻击（图 4–93）。

⑶ 当对方用右手直拳向我头部左侧进攻时，我方用左拂手封阻住对方的直拳，同时以一记右手标指直捣对方面门（图 4–94）。

图 4–93

图 4–94

八、襟手/抽撞拳

(1) 实战中，对手摆出右手下垂于体前的搏击实战姿势，突然滑步向我身体贴近，出其不意地用右手发动攻击，我方迅速做好防守反击的准备（图 4–95、图 4–96）。

图 4–95

图 4–96

(2) 当对方拳头即将击中我方头部右侧要害之时，我方顺势以右摊手将对方右拳截住（图 4–97）。

(3) 对方一击不成立即换成左手下勾拳击打我方右肋（图 4–98）。

图 4–97

图 4-98

图 4-99

(4) 我方迅速采用左窒手封住对方的右勾拳，同时已经抬起的右手变换成翻臂拳击打对方的面门（图 4-99）。

九、膀手/日字冲拳

(1) 实战中，对方一个前手日字冲拳直冲过来，我方不慌不忙，用右摊手将其阻挡（图 4-100、图 4-101）。

图 4-100

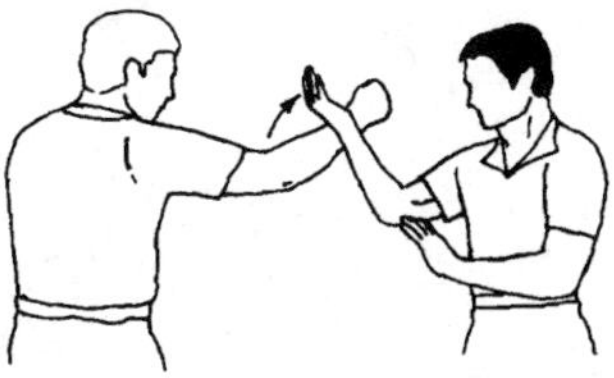

图 4-101

(2) 不料对方右手反抓我右前臂，并欲用左手拳再次攻击我面部，我方左手立即上抬做好防御和反击的准备（图 4–102）。

(3) 当对方左拳向我头部击打过来时，我方右手在被对方抓握的情况下变成高膀手向左格挡对方的拳头，同时左手配合右高膀手向左格挡对方的拳头（图 4–103）。

图 4–102

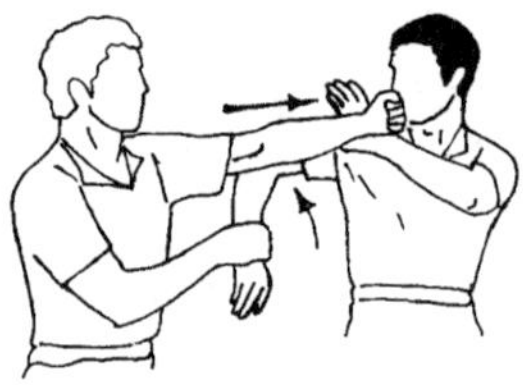

图 4–103

(4) 我方变被动为主动，左手抓住对手的左手腕向下牵拉，同时右手带动对方的右手上提，通过上提下拉将对手的双臂交错在一起（图 4–104）。

(5) 我方右手抓握住对方的右手腕，同时将左手撤出变成日字冲拳击打对方的面门，对方无从反抗（图 4–105）。

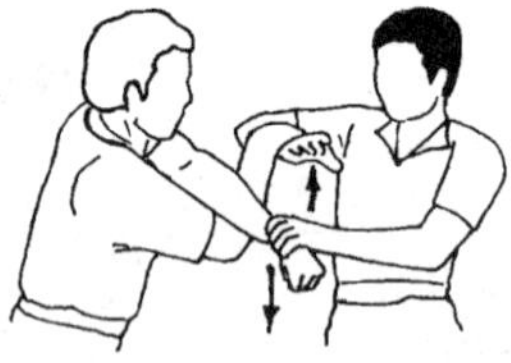

图 4–104

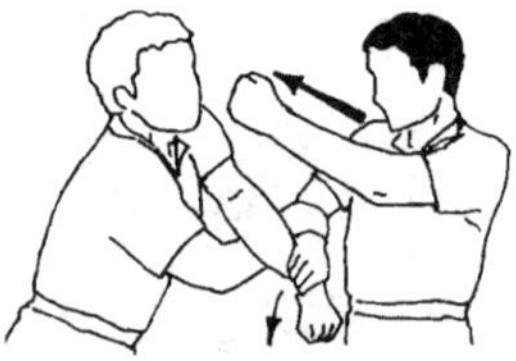

图 4–105

十、襟手/连环冲拳

(1) 实战中，对手摆出左手在前的搏击实战姿势，迅速向左蹬腿转腰带动右拳向我发动攻击（图 4–106、图 4–107）。

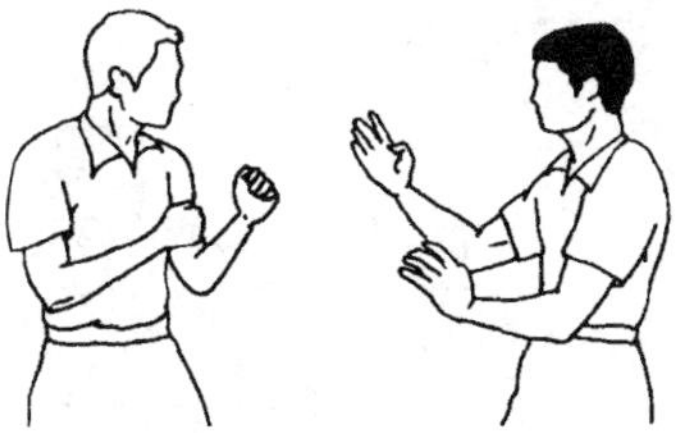

图 4–106

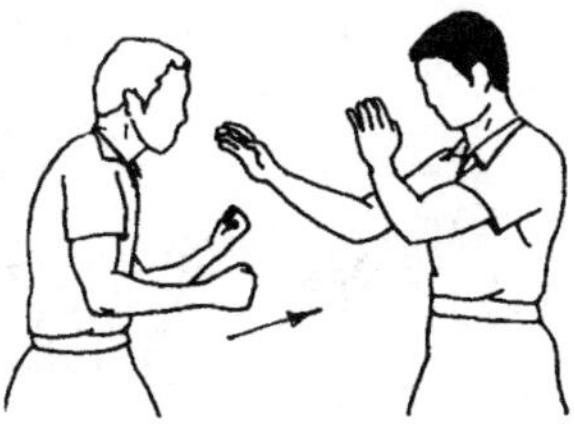

图 4–107

(2) 我方不待对方的右拳接近我的身体就一个右窒手将其阻截，同时左手日字冲拳直击对方的面部要害（图 4–108）。

(3) 当对方利用左拳向我头部再次发动进攻时，我方用左拍手防守对方的拳头，同时用右手翻臂拳直接反击对方的面部（图 4–109）。

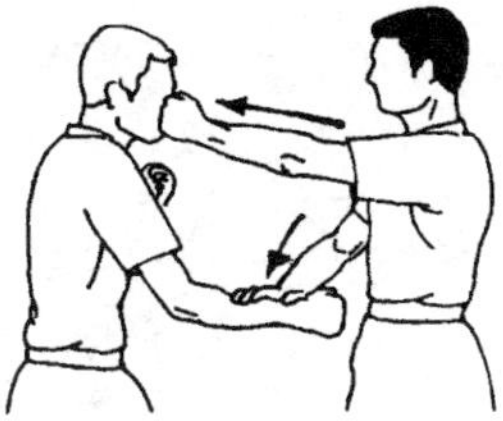

图 4–108

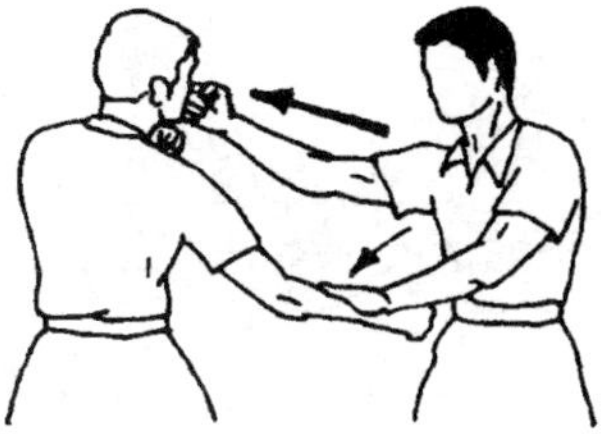

图 4–109

十一、膀手/抽撞拳

(1) 实战中，我方以右问路手的姿势与敌对峙。当对方左手勾拳突然发动进攻的时候，我右手低膀手将其阻截（图4-110、图4-111）。

图 4-110

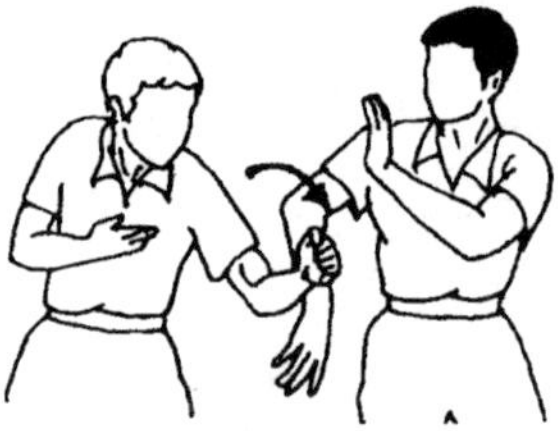

图 4-111

(2) 不给对方再次攻击的机会，我方立即用左攞手牵拉对方左臂，同时右手翻臂拳抽击对方的面部（图4-112、图4-113）。

图 4-112

图 4-113

第四节　常用实战策略

咏春拳的实战策略不是单指实战中的技战术运用，还要清晰地认识到咏春拳与众不同的实战技术动作，技战术要能够与咏春拳独有的技术动作相配合。实战策略是对练习者的技术特点、技战术、技术动作等配合运用的统称，这三者在实战中是密不可分的有机整体。

不论是主动攻击，还是防守反击；不论是打击技术，还是擒摔技术；不论是远距离，还是贴身近战等等，都要根据练习者的技术特点及练习水平、对手的技术特点、实战中的具体情形来做出有针对性的实战策略。

实战中，实战策略的有效性与否，这和练习者的实战经验、技术水平有很大关系。练习者可以先练好基本功，在基本功熟练后与同伴由慢到快进行练习。先从很慢的动作速度开始进行进攻与防守技术运用的对练，然后不断加快速度，在了解各个攻防技术如何使用后，可以在有安全保障的情形下进行游戏性质的模拟实战，直到手脚的力道可以控制、技术动作可以随心发挥后，再进行真实激烈的实战对抗。通过这个过程，练习者就可以慢慢积累对实战的感觉、对技术有效运用的深刻认识，巩固实战的对抗能力。如此就懂得实战策略的意义和运用，在实战中，就懂得和对方怎么打、用什么打、什么时机打等等。

下面的实战运用举例，目的是让练习者在训练中模仿这些战例与同伴进行几百次乃至几千次的重复练习，通过这种练习中的切身体会来加强对咏春拳的技术特点、技术方法、技术运用等方面的认识和动手能力。任何技术动作，不通过自己动手实践，很难体会到在实战中是什么样的，和想象当中多少会有些不同。另外，同样的技术，个子高的和个子矮的、瘦的和胖的、速度慢的和速度快的，用出来的效果也会不一样。也就是说，下面的举例，重点是让练习者模仿这些战例进行练习，在练习中，把这些战例再举一反三，灵活变化，获得实施实战策略的能力，而不是讲几个实战的例子，让大家去死记迂腐无用的理论。咏春拳突出的是实战中的动手能力。

一、摊手/攞手/正踢腿

（1）敌我双方对峙。当对方用右手直拳攻击过来时，我方本能地用右摊手从对方的右臂外侧向内化解对方的攻击力（图4–114、图4–115）；

图4–114

（2）不待对方将右拳收回，双手顺势变成攞手擒住对方的右手臂后拉，使其身体前倾，乘此时机，我方抬起右脚，用右正踢腿攻击对方的腹部（图4–116、图4–117）；

图4–115

图 4–116

图 4–117

(3) 我方为了迅速将对方挫败，再用左右连环日字冲拳连击对方的头部，使其倒地不起（图 4–118、图 4–119）。

图 4–118

图 4–119

二、摊手冲拳（摊打）/正踢腿

(1) 实战中，对方跨步向我接近，且右手蓄势待发，欲狠击我方身体（图 4–120）；

（2）因为已经觉察出对方的意图，当对方的右拳攻击过来时，我方双手同时配合，一边用右摊手防御对方的攻击，一边用左日字冲拳击打对方的头部（图 4–121、图 4–122）；

图 4–120

图 4–121

图 4–122

（3）我方不给对方有喘息的机会，迅速抬起右脚，以正踢腿狠狠踢击对方的右腿膝窝，使其因为右腿受伤而失去战斗能力（图 4–123、图 4–124）。

图 4-123

图 4-124

三、护手/摊手冲拳/侧撑腿

(1) 实战中，当对方猛冲过来时，我方将成护手姿势的右手略高抬，做好头部的防御工作（图 4-125、图 4-126）；

图 4-125

图 4-126

（2）当对方的右手以直拳猛击过来时，我方在向左闪躲的同时，双手积极配合，右手以摊手防御对方的右直拳，左手以日字冲拳打击对方的右肋（图 4–127）；

（3）我方顺势用右攞手擒住对方的右臂向其身体的前方猛拉，左手拽住对方的右肩配合用力拉动对方的身体（图 4–128）；

图 4–127

图 4–128

（4）我方立即将右脚屈膝收回，然后迅速挺胯，伸腿，以右撑腿踹击对方的右膝窝，使其向前扑倒在地（图 4–129、图 4–130）。

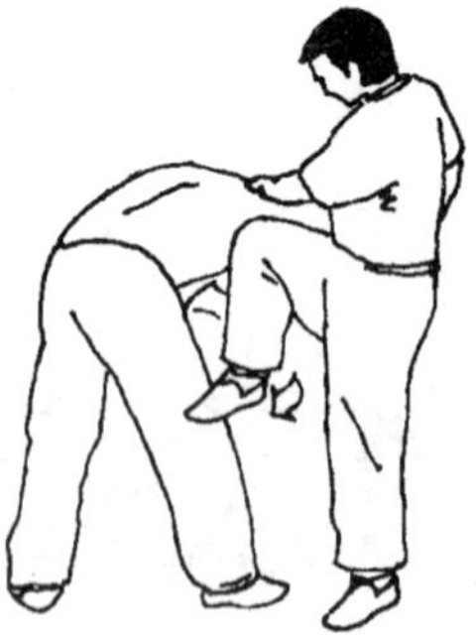

图 4–129

图 4–130

四、攦手/正踢腿/扫肘

（1）实战中，当预先观察出对方要用右手攻击时，在对方右手攻击的瞬间，我方左右双手顺势以攦手擒住对方的右手臂（图 4–131、图 4–132）；

图 4–131

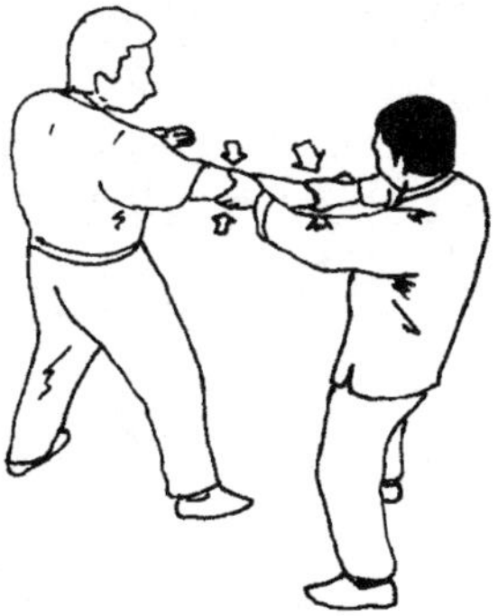

图 4–132

（2）利用牵拉对方的手臂来造成其身体的重心不稳，并立即抬起右脚，用正踢腿来踢击对方的右肋或右大腿（图 4–133）；

图 4–133

（3）我方右脚完成踢击后不收回原地，直接下落到对方的身体中门，同时右手屈臂抬肘，用肘尖狠狠撞击对方的面门（图 4–134、图 4–135）。

图 4–134

图 4–135

五、侧撑腿/摊手冲拳/日字冲拳

（1）实战中，敌我双方处于拳法的攻击距离内（图 4–136）；

图 4–136

(2) 对方出其不意地使用腿法向我攻击，在对方右腿抬起的时候，不论对方将会使用什么腿法攻击，我方立即用右侧撑腿阻截其攻击（图 4–137、图 4–138）；

图 4–137

图 4–138

(3) 对方一击不成，改用左手直拳攻击过来，此时，我方用右摊手进行防御，并以左日字冲拳攻击其面部（图 4–139）；

(4) 不待对方的下一次攻击过来，我方腰胯右转，催动右手以日字冲拳重击对方的头部（图 4–140）。

图 4–139

图 4–140

六、下耕手/耕拦手/杀颈手

（1）实战中，对方抬起左脚向前踢击我方腰部的位置，我方左手在使用下耕手防御对方踢击的同时，稍微用力将对方的左腿由右向左用力拨开，使其来不及快速将腿收回（图 4–141、图 4–142）；

图 4–141

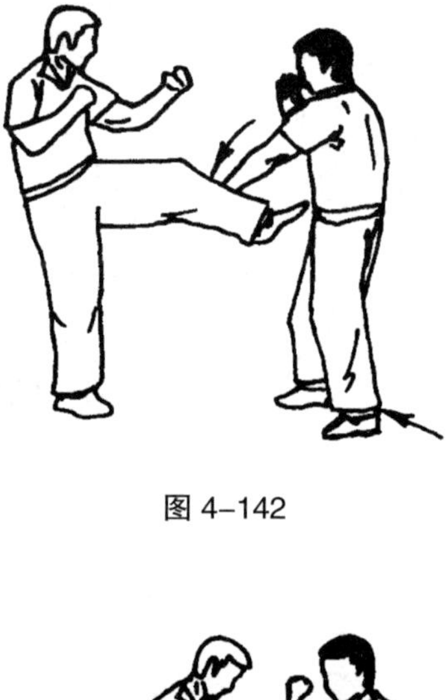

图 4–142

（2）对方左腿在落下后，用右直拳攻击我方头部，我方立即以耕拦手化解其攻击（图 4–143、图 4–144）；

（3）我方在耕拦手的基础上顺势以左手擒住对方的右臂实施牵拉，同时右手成杀颈手劈击对方的右侧颈动脉（图 4–145）；

图 4–143

图 4–144

图 4–145

（4）为了将对方彻底击败，我方一鼓作气，右手顺势箍住对方的颈部实施膝撞，再起左肘横扫对方的头部（图 4–146—图 4–148）。

图 4–146

图 4–147

图 4-148

七、膀手撑腿/杀颈手/攊手/日字冲拳

(1) 在实战中，对方突然左手直拳向我袭击，我方在用右膀手消解其攻击的同时，配合右侧撑腿反击其左腿膝关节或小腿（图 4-149、图 4-150）；

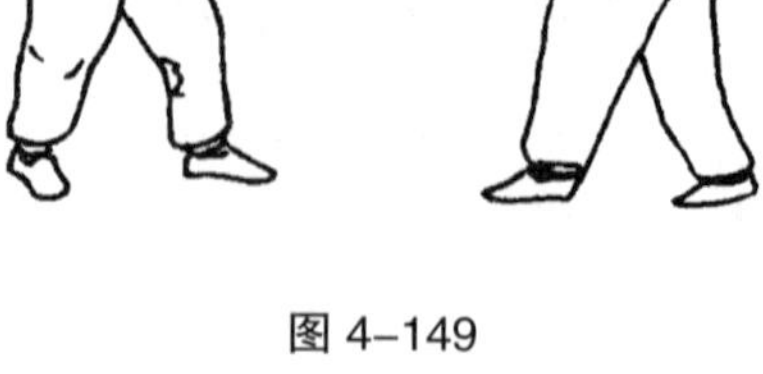

图 4-149

图 4-150

(2) 我方右脚在完成踢击后直接向前落地贴近对方的身体，同时用左攊手擒住对方的左手腕阻碍其手臂回收。由于对方的左手不能顺利回收，导致头部要害暴露，此时用右杀颈手砍击对方的咽喉（图 4–151）；

图 4–151

(3) 如果此时对方的左手还没有来得及收回去，仍被我方擒住，就迅速以右臂由外向内砸击对方的左肘关节（图 4–152）；

(4) 再迅速将身体右转，以腰胯之力催动左日字冲拳击打对方的面门（图 4–153）。

图 4–152

图 4–153

后　记

由于鄙人才疏学浅，在创作过程中绞尽脑汁也写不出一个能打十个的绝学秘传来取悦大家，也无法用高深的哲理和华丽的语句去渲染咏春拳来博取大家的好奇心。只能做到如实反应咏春拳的本来面目，和浅谈一些自己对咏春拳的粗浅认识，以求对得起创立和继承发扬咏春拳的历代先辈们。

自电影《叶问》放映后，国内的咏春拳大师如雨后春笋般密密麻麻地冒出来了，这对咏春拳的发展与推广是一件大好事。书中的某些观点不可能和所有的大师们都一致，还请海涵，并提出中肯的意见，不胜感激。

欢迎到笔者的博客交流武术：http://blog.sina.com.cn/huangtao9